톰을 위하여, 그가 비록 바다를 좋아하지는 않지만. — 길 아버스노트

나를 바닷가에서 길러 주신 아버지에게 — 크리스토퍼 닐슨

First published in the UK in 2021 by Big Picture Press,
an imprint of Bonnier Books UK.

Text copyright © 2021 by Gill Arbuthnott
Illustration copyright © 2021 by Christopher Nielsen
Design copyright © 2021 by Big Picture Press
All rights reserved

이 책은 저작권자와의 독점 계약으로 애플트리태일즈에서 출간되었습니다.
저작권법에 의해 한국 내에서 보호를 받는 저작물이므로 무단전재와 복제를 금합니다.

**미래의 자원, 깨끗한 바다** 처음 펴낸날 2023년 1월 10일 | 지은이 길 아버스노트 | 그린이 크리스토퍼 닐슨
옮긴이 송은혜 | 펴낸이 김옥희 | 펴낸곳 애플트리태일즈 | 출판등록 (제16-3393호)
주소 서울시 강남구 테헤란로 201(아주빌딩), 501호 (우)06141
전화 (02)557-2031 | 팩스 (02)557-2032 | 홈페이지 www.appletreetales.com | 페이스북 https://www.facebook.com/appletales
트위터 https://twitter.com/appletales1 | 인스타그램 @appletreetales, @애플트리태일즈
가격 22,500원 | ISBN 979-11-92058-14-6 (77400)

어린이제품 안전특별법에 의한 기타 표시사항

품명 : 도서 | 제조 연월 : 2023년 1월 | 제조자명 : Bonnier Books UK | 제조국 : 중국 | 사용연령 : 8세 이상
주소 : 서울시 강남구 테헤란로 201, 5층(02-557-2031)

# 미래의 자원, 깨끗한 바다

길 아버스노트 글 | 크리스토퍼 닐슨 그림 | 송은혜 번역

# 저자로부터

어린 시절에 저는 빨간 니트 모자를 쓰고, 프랑스식 악센트가 강한 영어를 구사하는 프랑스인 아저씨와 함께 많은 시간을 보냈답니다. 그분의 이름은 자크 쿠스토. 저를 비롯한 수많은 사람들에게 바닷속 경이로운 세계로 향하는 문을 열어 주신 분이죠. '자크 쿠스토의 바닷속 세상'이라는 TV 프로그램은 많은 이들에게 생동감 넘치는 테크노컬러로 산호초에 서식하는 생명체들과 노래하는 혹등고래, 그리고 제가 가장 좋아하는 '외로운 바다소(매너티)'를 소개해 주었답니다. 전 세계를 돌아다니며 직접 물속으로 들어가 보지 않고는 만날 수 없던 생물들이었죠.

바닷가 바위틈 사이의 물웅덩이만 들여다봐도 그 안에는 우리가 전혀 몰랐던 신비한 생물들의 세계가 숨어 있답니다. 대수리(골뱅이류의 한 종류)는 바위에 붙어 있는 해조류를 뜯어 먹고 살고, 대서양 고둥은 홍합의 껍데기를 난폭하게 뚫고 들어가 홍합을 산채로 잡아먹는답니다. 바위에 붙어 꼼짝못하는 따개비는 자기의 몸보다 여덟 배나 긴 생식기를 사용해서 짝짓기 문제를 해결하고, 겉보기에는 아무 방어 능력도 없어 보이는 해삼은 자신을 습격하는 포식자를 향해 자신의 내장을 몽땅 토해 내 공격을 막은 후, 다시 새로운 내장을 만들어 낸답니다. 참 스릴 넘치는 세계 아닌가요?

육지에 사는 우리에게 이러한 바다는 언제나 매혹적인 존재인 동시에 공포의 대상이었답니다. 옛사람들이 바다의 무시무시하면서도 예측 불가능한 모습을 신과 괴물들이 등장하는 신화로 설명하려 한 것도 놀라운 일은 아니죠. 인간에게 바다는 우주만큼이나 낯설고, 다가가기 어려운 곳이니까요. 그러나 과감하게 발을 내디어 미지의 세계에 풍덩 뛰어들 용기를 지닌 사람에게는 바다가 막대한 부와 지식을 선물하기도 했답니다. 이처럼 용감한 탐험가들과 과학자들 덕분에 우리는 바다가 지구의 모든 생물의 생존에 얼마나 필요한 곳인지, 동시에 바다가 얼마나 약하고 섬세한 곳인지 조금씩 알게 되었어요. 이제 이 소중한 바다를 잘 보존하는 일은 우리의 손에 달려 있답니다. 해변의 모래사장부터, 바다 밑바닥까지 말이죠.

**길 아버스노트**

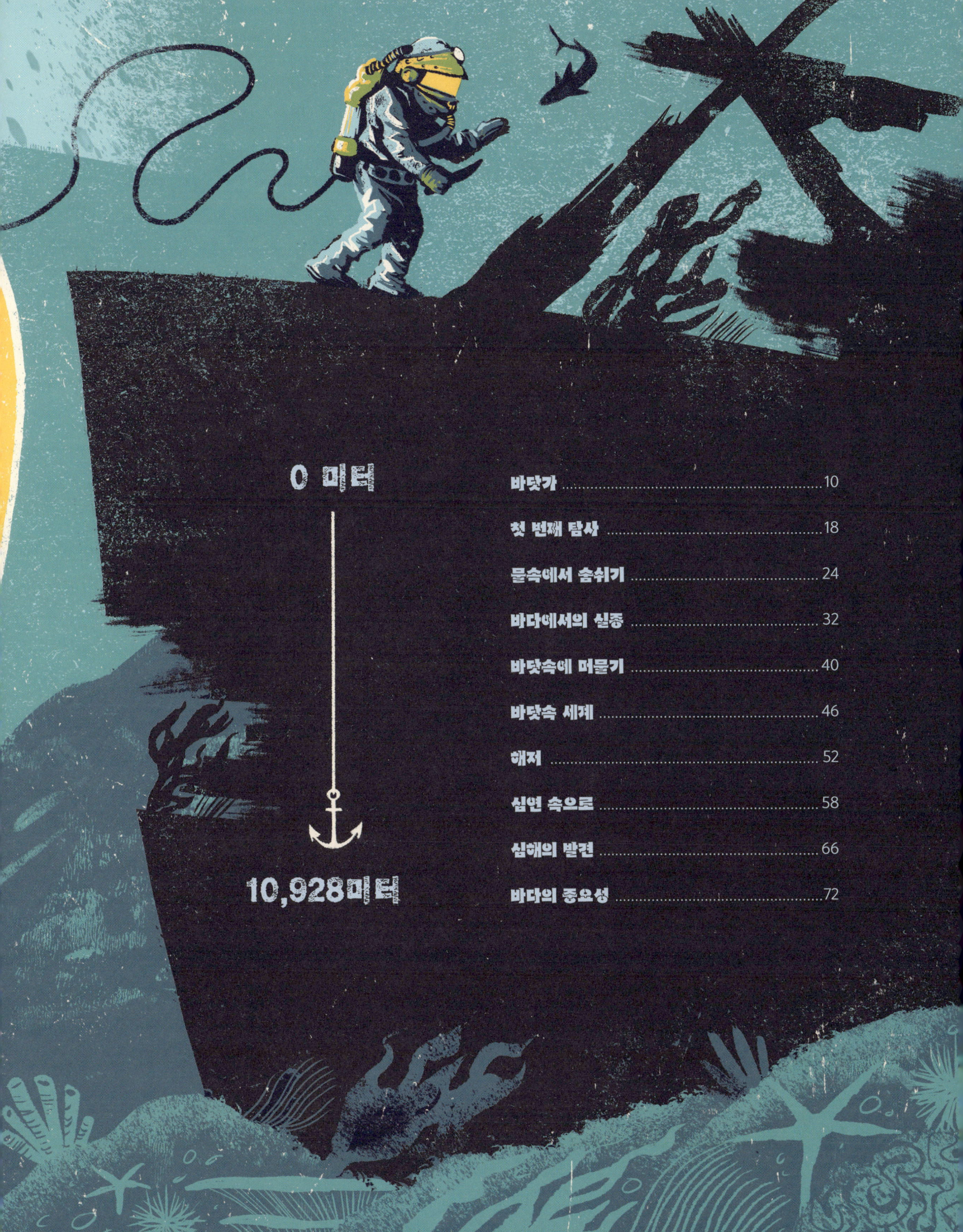

0 미터

10,928미터

| | |
|---|---|
| 바닷가 | 10 |
| 첫 번째 탐사 | 18 |
| 물속에서 숨쉬기 | 24 |
| 바다에서의 실종 | 32 |
| 바닷속에 머물기 | 40 |
| 바닷속 세계 | 46 |
| 해저 | 52 |
| 심연 속으로 | 58 |
| 심해의 발견 | 66 |
| 바다의 중요성 | 72 |

# 연대표

기원전 8000년 가장 오래된 배로 알려진 페세 카누가 사용되다.

기원전 2500년 '쿠프 배'라 불리는 제의용 태양의 배가 이집트 '기자 대피라미드' 옆에 묻히다.

기원전 200년 중국이 '정크선'이라 불리는 튼튼하고 안정성 높은 돛단배를 개발하기 시작하다.

1000년 바이킹이 '롱쉽'으로 무역과 탐험, 전쟁을 벌이다.

1872년 챌린저 탐사가 시작되다. 이를 통해 과학 탐사선으로 쓸 수 있게 만들어진 영국 해군 함정 '챌린저호'가 4,700여 종의 새로운 동식물을 발견한다.

1870년 쥘 베른의 해양 소설 〈해저 2만 리〉가 출간되다.

1912년 영국의 사우샘프턴에서 출항한 타이타닉호가 나흘 만에 빙산에 충돌하여 침몰하다.

1926년 프랑스 발명가 이브르 프뢰르와 모리스 페르네즈가 최초로 지금식 공기 호흡 장치를 개발하다.

1930년 오티스 바튼과 윌리엄 비베가 공처럼 생긴 강철 잠수정 '바티스피어'로 1934년 해저 923m까지 잠수하는 신기록을 세우다.

1939년 'USS 스쿠알루스호'의 선원들이 물속 73m에서 구조되다.

1940년 '스쿠버(수중 자가 호흡 장치)'라는 용어를 창시한 미국의 크리스티안 램버첸이 잠수용 재호흡 장치를 개발하다.

1943년 자크 쿠스토와 에밀 가냥이 발명한 '아쿠아렁'('수중 허파'라는 뜻)이 다이빙의 혁명을 일으키다.

1956년 미국의 해양학자 마리 타프가 해저가 평평하지 않다는 사실을 말해 주는 출판물을 대서양 중앙 산령을 알려 주다.

1957년 최초의 핵 추진 쇄빙선인 러시아의 레닌호가 진수되다.

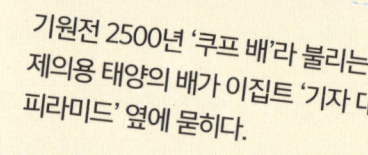

바닷가에 서서 바다를 바라보고 있다고 상상해 보세요. 아주 고요한 날에도 바다는 크고 신비롭지요. 빨아들일 듯한 파도를 느끼며 바다 밑에 도사리고 있는 것들을 상상해 보아요. 지금도 이렇게 바다는 광대하고 미스터리한데, 오래전 처음으로 배를 타고 용감하게 바다로 나갔던 우리의 조상들에게 바다는 얼마나 무섭고 예측하기 힘든 곳이었을까요?

인간이 처음으로 배를 탄 게 언제인지는 알 수 없지만, 적어도 6만5천 년 전에 호주 대륙에 도착했던 사람들은 바다를 통해 그곳에 간 게 확실하답니다. 그들이 사용한 배의 흔적이 남아 있지는 않지만, 그들은 아마도 대나무로 만든 뗏목이나 나무 둥치 속을 파내 만든 카누를 탔을 거예요. 확실한 건, 그런 엉성한 배를 타고 광활한 바다를 항해했던 우리의 조상들은 엄청난 용기와 훌륭한 항해술을 보유하고 있었다는 것이지요.

호주, 아제르바이잔, 칠레, 말레이시아, 노르웨이 등 여러 나라의 동굴 벽화를 보면 고대의 배 모습이 어떠했는지는 알 수 있어요. 지금도 실제 흔적이 남아 있는 가장 오래된 배를 보면 구조가 정말 간단하답니다. 네덜란드에서 발견된 1만 년 된 '페세 카누', 나이지리아에서 발견된 '두푸'나 '카누'는 불을 이용하여 나무 속을 파내 만든 것으로 추정되고 있답니다.

이집트인들은 적어도 6천 년 전부터 나일강을 건너기 위해 갈대로 만든 배를 사용한 것으로 보여요. 이 배의 모습은 그림이나 조각을 통해 전해 내려오고 있고, 배의 모형이 무덤 안에서 발견되기도 했답니다. 이 배들은 초기에는 노를 저어 움직여야 했지만, 나중에는 사각 돛을 단 모습으로 발전하기도 했어요. 이런 고대의 배들은 처음에는 모두 크기가 작았지만, 쇠 연장이 사용되기 시작한 5천 년 전부터는 크기도 커지고 점점 더 정교한 모습을 갖추게 되었어요. 점차 바다는 인류의 고속 도로이자, 전쟁터가 되었답니다.

# 신화와 전설

바닷가에 사는 사람들에게 바다는 언제나 두려움과 경외의 대상이었어요. 그들은 폭풍, 소용돌이, 쓰나미 같은 바다의 자연 현상을 설명하기 위해 신과 괴물들의 이야기를 들려주었답니다.

## 남신과 여신

### 그리스 신화

고대 그리스 신화에는 포세이돈과 그의 아내 암피트리테를 비롯하여 많은 바다의 신들이 등장해요. 후기 신화에는 고르곤이 등장하는데, 여기에는 세 괴물 자매 스테노, 에우리알레, 그리고 그 유명한 메두사도 포함되어 있답니다.

### 북유럽 신화

북유럽 신화에는 아에기르라는 남신과 란이라는 여신이 바다의 신으로 등장해요. 란은 물에 빠져 죽은 사람들을 그물에 넣어 수집하길 즐겼다고 한답니다. 란의 아홉 딸은 파도의 정령이기도 하지요.

### 중국 신화

중국 신화에는 동서남북 네 개의 바다를 각각 지배하는 사해 용왕 오광, 오윤, 오흠, 오순이 등장해요.

### 이누이트 신화

이누이트 신화에는 아이팔루빅이라는 사악한 바다 신과 세드나라는 여신이 등장하죠. 세드나의 잘린 손가락이 물개와 바다코끼리가 되었다는 이야기도 전해 내려온답니다.

## 신화와 전설

### 스킬라와 카리브디스

그리스 신화에서 스킬라와 카리브디스는 시칠리아섬과 이탈리아반도 사이의 메시나 해협을 위협하는 존재로 등장한답니다. 메시나 해협의 한쪽에선 머리가 여섯 개인 스킬라가 동굴 속에 살며 선원들을 물속으로 끌어당기고, 다른 한쪽에선 카리브디스가 소용돌이를 일으켜 그 안으로 선원들을 빨아들였다고 해요.

### 쿠페

마오리 신화에 등장하는 위대한 어부 쿠페는 거대한 문어 테훼케 오 무투랑기가 모든 물고기를 잡아먹고 있다는 사실을 알게 되자 태평양을 건너 몇 주 동안 훼케를 쫓은 끝에 결국 그 거대한 문어를 무찔렀답니다. 이 여행 덕분에 마오리인들이 아오테아로아(지금의 뉴질랜드) 땅을 처음 발견했다고 전해 내려오고 있어요.

### 칼리아흐

스코틀랜드 서쪽 해안의 주라섬과 스카르바섬 사이에는 악명 높은 '코리브레칸' 소용돌이가 있어요. 이 소용돌이는 겨울의 여신 칼리아흐가 자신의 흰옷을 산에 널어 말리기 전에 그 옷을 넣어 세탁하는 가마솥으로 알려져 있답니다. 이 신화에 따르면 그녀의 흰옷이 우리에게는 흰 눈으로 보인다고 해요.

# 상상의 깊이

고대의 지도 속 바다에는 라틴어로 '히크 순트 레오네스'(사자들이 있는 곳), 또는 '히크 순트 드라고네스'(용들이 있는 곳)라고 적혀 있는 것을 자주 볼 수 있어요. 그건 바다에 실제로 무엇이 있는지 아무도 몰랐기 때문이랍니다. 시간이 흐르면서 사람들은 바다에 무엇이 있는지에 대한 온갖 이야기들을 지어냈고, 그중에는 제법 그럴듯한 이야기도 있었답니다.

### 이상한 생물

거대한 문어, 돌묵상어, 향유고래 같은 바다 동물의 사체가 바닷가로 떠밀려 왔을 때 대부분은 부패가 심해서 원래의 형체를 알아보기 힘들었답니다. 그래서 '크라켄(스칸디나비아 민간 전설에 등장하는 대왕오징어나 문어)' 같은 바다 괴물에 관한 전설이 생겨났지요.

### 인어

바다에서 이상한 생물을 봤다는 선원들의 목격담은 언제나 끊이지 않았답니다. 그중에서도 인어 전설은 전 세계 어느 나라에서나 등장하지요. 그리스 신화에 나오는 '사이렌'이나 독일 신화에 나오는 '로렐라이'는 선원들을 죽음으로 유혹하는 사악한 존재로 등장해요. 15세기의 탐험가 크리스토퍼 콜럼버스는 카리브해에서 세 명의 인어들을 봤다고 주장하기도 했답니다. 그가 본 것은 아마도 커다란 수생 포유류인 매너티였을 거예요. 매너티의 머리에 그가 평소에 즐겨 먹던 긴 해초가 엉켜 있었다면, 마치 긴 녹색 머리카락처럼 보였겠죠?

가짜 인어의 사례는 전 세계적으로 찾아볼 수 있어요. 그중에서도 가장 유명한 가짜 인어(미국의 위대한 쇼맨 P.T. 바넘의 '피지 인어')는 원래 작은 원숭이 머리에 물고기 꼬리를 이어 붙여 만든 것으로 추정됐지만, 이후에 그것은 진흙과 종이 반죽에 물고기 턱과 꼬리를 이어 붙여 만든 모형이었던 것으로 확인되었답니다.

## 대중문화

바닷속 깊은 곳에 대해 잘 알지 못해서 생기는 불안감을 주제로 한 책과 영화들은 무척 많답니다. 그중에서도 허먼 멜빌의 〈모비 딕〉에 나오는 거대한 향유고래나, 1975년 영화 〈죠스〉에 나오는 커다란 백상아리가 유명하지요. 비록 많이 가공되기는 했지만, 〈모비 딕〉은 1820년에 향유고래에 의해 침몰한 미국의 포경선 에섹스호의 실화를 소재로 한 작품이랍니다.

1870년에 출간된 쥘 베른의 소설 〈해저 2만 리〉의 주인공들은 커다란 일각고래를 쫓다가 그것이 잠수함 노틸러스호라는 사실을 발견하게 되죠. 그들은 네모 선장이 조종하는 잠수함을 타고 바닷속을 항해하면서 수중 도시 아틀란티스를 방문하기도 하고, 대왕오징어의 공격을 받기도 하는 등, 수많은 모험을 하였답니다.

HIC SUNT DRACONES

# 카누에서 전함까지

인류가 쇠 연장을 사용하게 되면서 배의 제작 방식에도 큰 기술 혁신이 일어났어요.
이제 사람들은 통나무 속을 긁어내는 대신, 나무를 잘라 널빤지를 만들어 조립하는 방식으로
좀 더 크고 다양한 배를 만들 수 있게 되었답니다.

### 1. 기원전 8000년

가장 오래된 배로 알려진 '페세 카누'가 사용되었다.

### 2. 기원전 2500년

삼나무 널빤지를 밧줄로 묶어 만든 40m 길이의 제사용 태양의 배 '쿠푸'가 이집트 기자의 대 피라미드에 묻혔다.

### 3. 기원전 1550-300년

동부 지중해의 페니키아 사람들이 여럿이 노를 저어 움직이는 '갤리선'을 개발하다. 갤리선은 16세기까지 주요 전함으로 사용되었다.

### 4. 기원전 200년

중국이 튼튼하고 안정성이 뛰어난 범선 '정크선'을 개발하다. 서기 1세기에 정크선은 최초로 조향용 중앙 방향타를 가진 배로 발전한다. 이는 서양보다 천 년이나 앞선 기술력이었다.

### 5. 서기 1000년

바이킹이 '롱쉽'을 사용하기 시작하다. 바이킹은 노와 돛의 힘으로 움직이는 이 좁고 긴 배를 타고 수천 마일이나 떨어진 북아메리카까지 항해한다. 이 배의 바닥에는 척추처럼 나무 조각을 이어 붙여 만든 용골이 있었는데, 이는 배가 파도에 의해 좌우로 쓰러지는 것을 막기 위한 것이었다.

### 6. 1400년대

세 개의 돛대와 가벼운 선체를 가진 소형 범선 '캐러벨'이 가장 빠른 배로 활약하다. 크리스토퍼 콜럼버스는 캐러벨을 타고 아메리카까지 항해하였다.

## 7. 1840-70년대

높은 돛대와 거대한 돛을 가진 길고 좁은 범선 '클리퍼'가 바다를 항해하는 가장 빠른 배로 활약하다. 이 배로 인하여 차와 설탕 등의 상품 교역이 촉진되었다. 1854년에는 미국의 플라잉 '클라우드호'가 뉴욕에서 샌프란시스코까지 89일 8시간 만에 횡단하는 신기록을 세웠다. 종전에는 200일이나 걸리던 거리였다.

## 8. 1807년

최초의 여객 증기선 '클러몬트호'가 뉴욕 허드슨강을 성공적으로 시범 운항했다. 증기선은 선체 외부에 달린 외륜(노의 역할을 하는 커다란 바퀴)을 증기 기관의 힘으로 돌려 그 추진력으로 운항하는 배였다.

## 9. 1843년

'SS 그레이트 브리튼호'가 진수되다. 선체가 쇠로 만들어진 이 배는 증기 기관과 프로펠러로 움직이는 최초의 여객선이었다. 이 배의 길이는 100m로, 당시에는 세계에서 가장 큰 배였다. 프로펠러가 빠르게 회전하면서 물을 뒤로 밀어내면, 반대 방향으로 동일한 힘이 가해지면서 배가 앞으로 나아갔다.

## 10. 1910년

석탄 대신 디젤이 선박 연료로 사용되기 시작했다. 디젤은 석탄보다 공간을 덜 차지하고, 엔진에 연료를 자동 공급할 수 있다는 장점이 있었다. 디젤로 항해한 최초의 선박은 네덜란드의 '불카누스호'와 덴마크의 '셀란디아호'였다. 현대의 배는 대부분 디젤을 연료로 운항한다. 석탄과 디젤은 모두 공해를 유발하는 화석 연료이다.

## 11. 1957년

최초의 핵 추진선인 러시아의 '레닌호'가 진수되었다. 핵 추진선은 오랫동안 연료를 재공급하지 않아도 운항할 수 있다는 장점이 있으나, 건조와 운항에 많은 비용이 든다는 단점도 있다. 그래서 현재 대부분은 군사 목적으로만 사용되는 중이다.

# FIRST INVESTIGATIONS
# 첫 번째 탐색

일단 바다를 항해하기 시작하자 사람들은 바다에 대해 더 많이 알고 싶어졌어요. 인도의 고고학자들은 하라파 시대 사람들이 4,000여 년 전에 조수 간만을 알려 주는 시계를 만든 증거를 발견하기도 했답니다. 해수면의 높이와 날짜를 예측해 주는 최초의 조석 예보표는 서기 1000년에 중국에서 만들어졌다고 해요.

초기에는 우연한 발견도 많았어요. 1513년, 스페인의 정복자 후안 폰스 드 레온은 스페인의 영토 확장을 위해 해외의 새로운 섬을 찾다가 우연히 대서양에서 물살이 빠르고 수온이 따뜻한 해류를 발견했답니다. 이 해류는 1769년에 미국 건국의 아버지이자 과학자인 벤저민 프랭클린에 의해 '멕시코 만류'라는 이름으로 지도에 표시되었어요. 멕시코 만류를 이용하면 유럽에서 아메리카 대륙 사이의 험난한 항로를 단축시킬 수 있었지요. 영국의 제임스 레넬(1742-1830)은 대서양과 인도양의 해류에 대해 더 심도 깊은 조사를 하기도 했답니다.

1840년대와 1850년대에는 미국의 매튜 폰테인 모리가 대서양의 해저 지도를 처음으로 출간했어요. 이 지도 덕분에는 1856년에는 대서양을 횡단하는 전신 케이블을 설치할 수 있었답니다.

현대의 과학적인 바다 탐사는 1872~1876년에 있었던 '챌린저 탐사'와 함께 시작되었다고 해도 과언이 아니에요. 과학 탐사에 적합하게 건조된 영국의 해군 함정 챌린저호는 전 세계 바다를 탐사하며 해저 바위의 샘플을 수집하고, 수심·온도·해류의 영향 등을 기록했어요. 12만8천km를 항해한 이 탐사에서는 4천7백여 종의 새로운 동식물이 발견되기도 했답니다.

1950년대까지도 과학자들은 바다 밑바닥이 평평하다고 생각했어요. 그러나 1956년에 미국의 해양학자 마리 타프가 연구를 통해 이러한 이론이 잘못되었음을 증명했어요. 그녀는 대서양 중앙 해령(23쪽 참조)의 자세한 모습을 묘사하고, 여러 스케치와 차트를 통해 해저 지형도 육지만큼이나 지질학적으로 다양하다는 사실을 밝혔답니다.

# 움직이는 바다

인류의 역사 중 아주 오랜 기간 동안 모든 여행과 교역은 배를 통해서만 이루어졌답니다. 해류와 조류는 배를 안전하게 항구에 도착하게도 했지만, 때로는 배를 침몰시키기도 했죠. 그래서 바다 탐사의 선구자들은 해류와 조류에 많은 관심을 가졌답니다. 20세기에 들어서자 우리는 바다가 어떻게 움직이는지 좀 더 많이 이해하게 되었어요.

## 조류

조수 간만의 차이가 발생하는 이유는 인력 때문이에요. 달의 중력이(그리고 일부는 태양의 인력이) 달 쪽으로 바닷물을 쏠리게 하기 때문이랍니다. 달이 지구를 한 바퀴 도는 데 25시간이 걸리기 때문에, 25시간에 한 번씩 두 번의 만조(바닷물이 밀려들어 해수면이 가장 높아졌을 때)와 간조(바닷물이 나가서 해수면이 가장 낮아졌을 때)가 발생한답니다. 조류는 지구의 자전, 해안선, 적도와의 거리, 해류, 바다의 깊이의 영향을 받아 매우 복잡하게 작용하는 현상이에요.

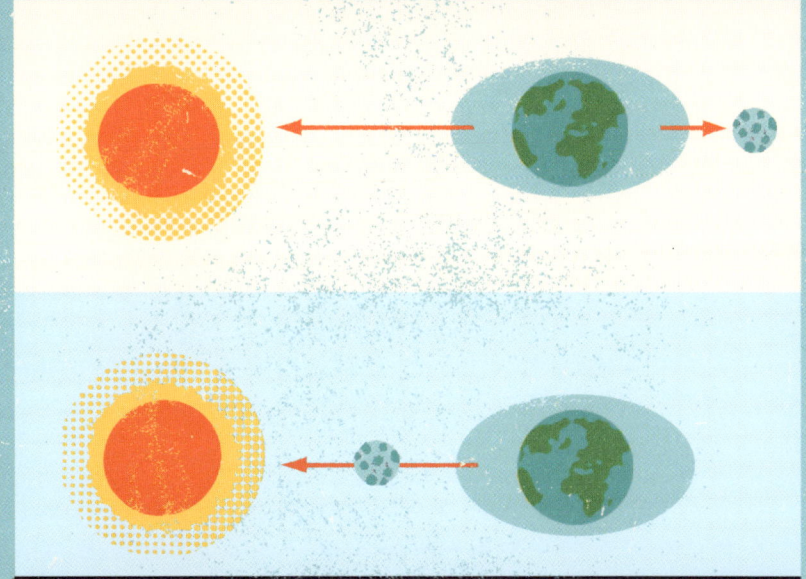

초승달과 보름달 무렵 태양과 달이 지구와 일직선상에 놓이면, 태양과 달이 바닷물을 끌어당겨 특별히 큰 조수 간만의 차이(만조와 간조의 해수면 높이 차이)가 발생하는데, 이를 '대조'라고 해요. 세계에서 조수량이 가장 큰 캐나다의 펀디만에서는 조수 간만의 차가 16m까지 치솟는답니다.

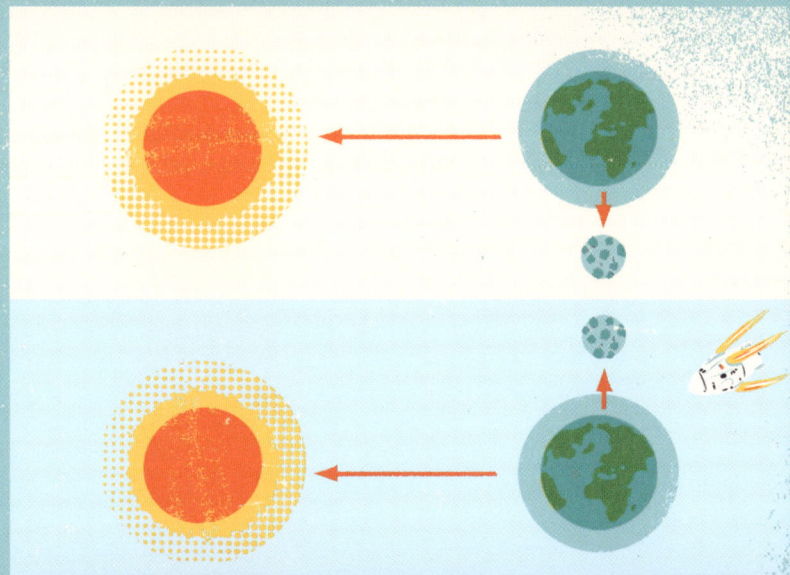

상현달과 하현달 무렵에는 태양과 달이 지구를 중심으로 서로 직각을 이루어 바닷물을 끌어당기는 힘이 서로 상쇄된답니다. 이 때가 조수 간만의 차이가 가장 작을 때이죠. 이를 '소조'라고 한답니다.

## 파도

파도는 바람이 바다 표면을 훑고 지나가며 물결을 일으켜 발생해요. 바람의 에너지가 바닷물로 옮겨지고, 파도의 에너지가 바다 표면을 가로질러 움직이는 것이죠.

놀랍게도 파도가 일 때 물 분자들은 조그만 원을 그리며 제 자리를 맴돌 뿐, 같은 장소에 머무른답니다. 바람이 세고 오래 불수록 생성되는 파도의 크기도 커집니다.

# 해류

바닷속 해류는 서로 다른 지역 간의 염도와 수온 차이에 의해 발생한답니다.

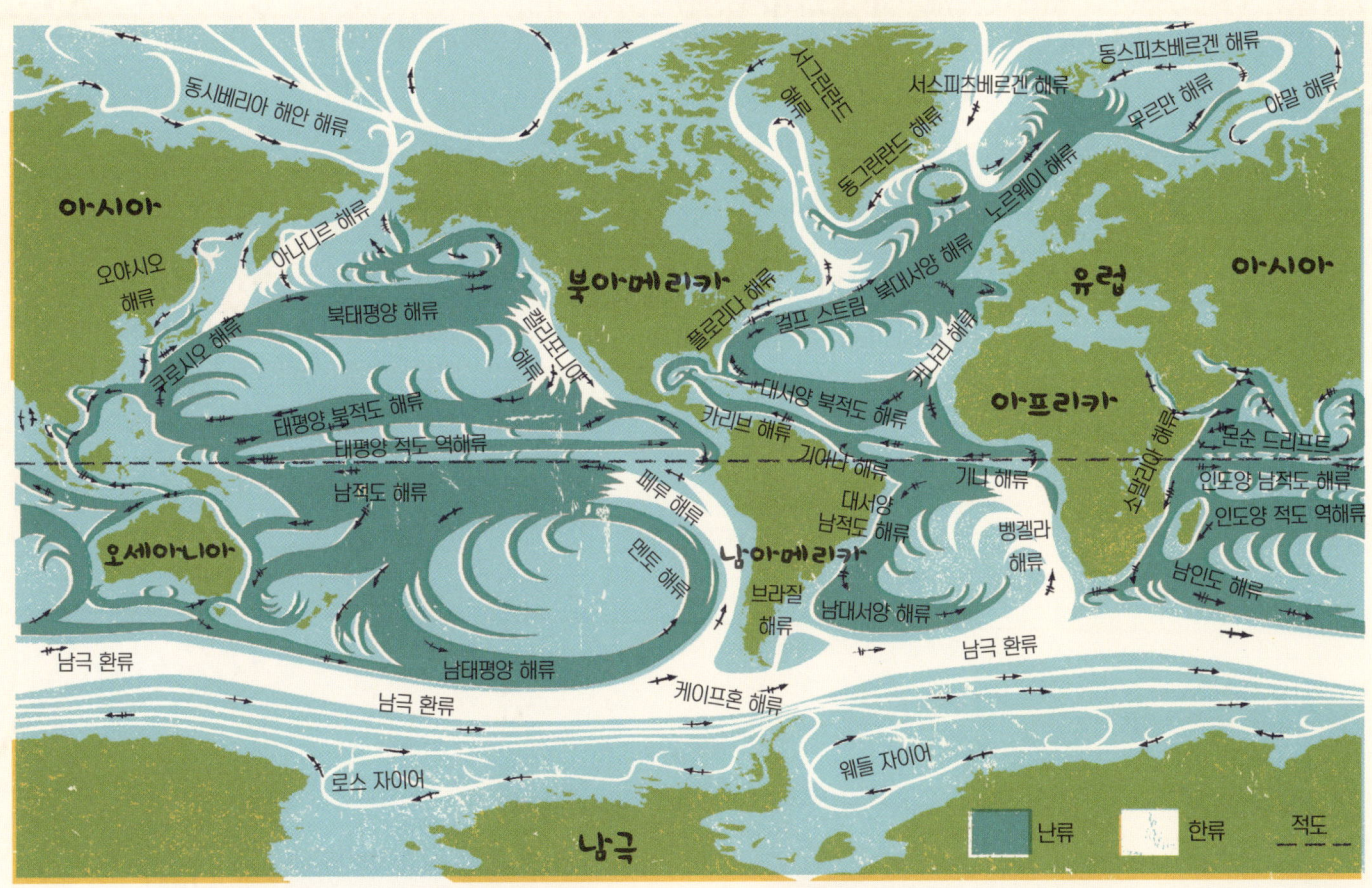

북극과 남극의 바닷물 표층은 얼어붙지만, 바닷물의 염분은 얼지 않기 때문에 물속에 남아 있어요. 이 짜고 차가운 물은 점점 더 깊은 곳으로 '침강'하고, 그 자리에는 다른 물이 들어와 얼음 밑을 채우죠. 그 물도 차가워지고 염분이 많아지면 다시 침강하게 되고, 그렇게 바닷물은 위아래로 계속해서 순환한답니다.

적도 근처의 따뜻한 물이 상부로 올라오는 현상을 '용승'이라고 해요. 극지방의 침강 현상과 적도 지방의 용승 현상이 함께 전 세계의 바닷물을 순환시키는데, 이를 '글로벌 컨베이어 벨트'라고 부른답니다. 이 바닷물에는 플랑크톤이 성장하는 데 필요한 영양소(51쪽 참조)도 포함되어 있어요.

파도는 바다 위를 질주하다 바위 같은 장애물이나 해변을 만나 부서져요. 해변이 가까워지고 수심이 얕아질수록, 파도 아랫부분의 속도는 느려지지만 파도 윗부분은 원래의 속도를 유지하지요. 윗부분이 아랫부분보다 앞서 나가는 순간 파도가 깨지면서 해변으로 밀려오는 큰 파도가 만들어지는 거랍니다.

# 바다 행성

우주에서 내려다본 지구는 파란색과 흰색의 소용돌이 모습을 하고 있어요. 파란색을 띤 부분이 지구 면적의 70%를 차지하는 바다이고, 이 바다는 지리적으로 다섯 개의 '오대양'으로 이루어져 있답니다. 인류의 30% 이상이 바다로부터 100km 이내에 살고, 지구의 해안선 길이만 62만km가 넘는 걸 보면 우리가 사는 행성의 이름은 '지구'보다는 '해구'가 더 어울릴지도 몰라요.

**대륙마다 각기 다른 특징이 있듯, 다섯 개의 대양에도 저마다의 특징이 있답니다.**

온난한 인도양의 평균 수심은 3,960m이며, 가장 깊은 곳은 7,450m에 달한답니다.

## 야생 동식물

과학자들은 바다에 약 220만 종의 동식물이 서식하고 있다고 추정하지만 여전히 많은 부분이 미지로 남아 있어요. 지금까지는 바다 생물 중 오직 9%만 발견되고 연구되었답니다. 바닷속에 사는 무척추동물 중에는 그 수가 엄청나게 많은 것도 있어요. 개체 수가 가장 많은 동물이 무엇인지 정확하게 알 수는 없지만 가장 흔한 물고기는 '강모입고기'로 알려져 있어요. 심해에서만 사는 이 작은 물고기의 개체 수는 조 단위라고 해요.

### 인도양
이곳에 있는 '케르겔렌 해대(바다 밑바닥이 약간 평평하게 도드라진 부분)'는 일본의 세 배 크기인 거대한 화산 지대예요. 이곳에서 발견된 나무 파편들은 이곳이 수백만 년 전에는 숲이 우거진 고원이었다는 사실을 알려 줘요.

태평양에 있는 '마리아나 해구'의 길이는 2,500km에 이른다고 해요. 그곳에는 태평양에서 가장 깊은 곳인 수심 11,054m의 '챌린저 딥'이 있어요.

### 남극해
남극 대륙을 둘러싸고 있는 남극해는 가장 최근인 3천만 년 전에 형성되었으며 가장 탐사가 덜 된 바다이기도 해요. 남극해의 평균 수심은 3,270m이고 가장 깊은 곳은 7,235m랍니다. 험악한 날씨와 빙산 때문에 항해하기 무척 까다롭지요.

북극해는 다른 바다에 비해 수심이 얕은 바다예요. 평균 수심은 987m이고 가장 깊은 곳은 5,502m랍니다. 겨울에는 약 1,600백만㎢의 바다가 얼음으로 덮이지만, 여름이 되면 이중 반이 녹는답니다. 북극해의 해저면은 평평하지 않아요.

대륙붕과 대륙 사면이 산맥과 골짜기와 화산이 있는 해저면까지 이어진답니다. 대륙붕은 해안에 가까이 위치해서 비교적 수심이 얕은 곳을 의미해요. 해가 가장 잘 비치는 곳이기 때문에 대부분의 해양 생물은 이곳에 서식한답니다.

대서양은 지구상에서 가장 폭풍우가 많은 바다랍니다. 대서양의 해류 체계는 바닷물이 지구 전체를 순환할 수 있도록 해 주면서 전 세계의 날씨에 영향을 미치지요. 대서양의 최대 깊이는 8,380m예요.

'대서양 중앙 해령'은 거대한 해저 산맥이랍니다. 1,000~1,500km 넓이로 바다 밑바닥으로부터 3km까지 솟아 있어요.

## 소금

바닷물이 짠 이유는 산성을 띤 비가 바위 속의 화학 물질을 녹여 내기 때문이에요. 이렇게 생겨난 염분이 강을 통해 바다로 흘러 들어가서 지속적으로 축적되지요(그래서 오래전의 바닷물은 훨씬 덜 짰을 것으로 추정된답니다). 강과 호수가 짜지 않은 이유는 비를 통해 담수가 지속적으로 공급되기 때문이에요.

태평양에는 유럽의 절반 크기인 '질랜디아'라는 대륙이 있어요. 뉴질랜드를 둘러싸고 있는 이 대륙은 94%가 물에 잠겨 있어요.

태평양의 평균 깊이는 4,280m로 오대양 중 가장 크고 가장 깊답니다. 수많은 화산과 지진대로 둘러싸인 태평양의 가장자리는 '불의 고리'라고 불리기도 해요.

처음으로 파도 아래의 세계로 모험을 떠난 사람들은 잠수부들이었어요. 숨을 참으며 잠수하는 것을 '프리 다이빙'이라고 한답니다. 바닷속의 천연 보물을 찾아 프리 다이빙 능력을 키우며 인간은 자신의 한계에 도전하고 많은 발전을 이룰 수 있었어요.

오랫동안 '바다수세미'는 유용한 상품이 되었어요. 그래서 그리스의 칼림노스 섬의 잠수부들은 수천 년간 바다수세미를 찾아 물속으로 잠수했답니다. 현대적인 잠수 장비를 갖추기 전에도 물속 30m까지 잠수하거나, 물속에서 5분까지 견디는 사람들이 있었어요.

조개 안에 생성되는 진주는 아주 값비싼 보물이었지요. 그러나 진주조개는 대부분 깊은 바닷속에 서식했기 때문에 진주를 잡으려면 깊은 물속까지 잠수해야 했답니다. 일본의 '아마'는 바다에 잠수해서 진주를 채집하는 전통적인 여자 잠수부예요. 이들은 스쿠버 장비 없이 프리 다이빙으로 숨을 2분까지 참을 수 있답니다. 아마는 보통 열두 살에서 열세 살 무렵에 잠수를 시작하는데 70대까지도 현역으로 활동하는 사람들이 있다고 해요.

과학자들에 따르면 프리 다이빙에 더 적합한 신체를 가지고 태어나는 사람들이 있다고 해요. 동남아시아의 소수 민족인 '바자우족'은 다른 사람들보다 몸속 비장의 크기가 더 크답니다. 비장의 크기는 웨들해물범 같은 동물의 잠수 능력과도 관련 있는 것으로 알려져 있어요.

오늘날 프리 다이빙은 매우 경쟁이 치열한 스포츠랍니다. 오스트리아의 잠수부 허버트 니치는 214m라는 잠수 세계 기록을 세우기도 했어요. 이처럼 인간은 자신의 한계를 여러모로 극복해 왔지만, 장비의 도움 없이 이보다 더 깊은 바닷속까지 들어갈 수는 없답니다.

# 초기의 잠수정들

물이 담긴 대야에 컵을 거꾸로 넣으면, 컵 속에 공기 덩어리가 갇히게 되지요. 최초의 잠수 도구 역시 이 원리를 이용한 것이랍니다. 다이빙 벨은 잠수부가 숨 쉬는 데 필요한 공기를 '벨(종)' 안에 가두는 장치였어요. 이후 발명가들은 물속을 항해할 수 있는 장치를 고안하기 시작했고, 그렇게 잠수정이 탄생하게 되었답니다.

## 1. 기원전 332년

어떤 기록에는, 알렉산더 대왕이 티레 원정 당시 유리로 만든 다이빙 벨 안에 들어가 물속에서 며칠 동안을 지냈다고 해요. 물론 오늘날 우리는 그것이 불가능하다는 사실을 알고 있죠.

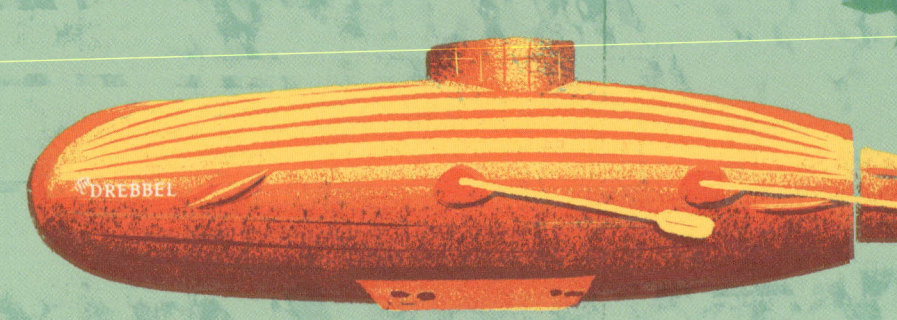

## 3. 1620년

최초로 잠수함을 건조한 사람은 네덜란드의 발명가 코넬리스 드레벨이었어요. 그가 만든 최초의 잠수함은 나무통에 방수 목적으로 가죽을 붙인 노 젓는 배의 모습을 하고 있었답니다. 이 잠수함은 영국 런던의 템스강을 따라 웨스트민스터에서 그리니치까지 이동했어요.

## 2. 서기 1535년

발명가 굴리엘모 데 로레나는 난파한 고대 로마 배의 잔해를 탐험하기 위해 나무로 만든 다이빙 벨을 고안했어요. 그는 다이빙 벨을 타고 한 시간 정도 잠수했다는 기록을 남겼어요. 그러나 그렇게 오랜 시간을 물속에서 버티기 위한 공기 보충 방안은 밝히지 않았답니다.

## 4. 1689년

프랑스의 과학자 드니 파팽은 물 위에서 풀무(불을 피울 때 바람을 일으키는 기구)질로 만든 공기를 튜브에 넣어 잠수부가 있는 벨 안으로 공급하는 방식을 고안해 냈어요. 그러나 당시에는 그럴 만큼 강력한 풀무가 없었기 때문에 그의 계획은 실행되지 못했답니다.

## 5. 1690년

천문학자로 유명한 에드먼드 핼리는 다이빙 벨 안으로 압축 공기를 전달하는 배럴 시스템을 고안했어요. 그는 이것을 이용하여 18m 물속에서 90분 동안 버틸 수 있었답니다. 이 벨은 침몰한 배를 구조하는 데 주로 사용되었어요.

## 6. 1775년

미국의 데이빗 부시넬이 1인용 잠수정 '터틀호'를 건조했어요. 승무원이 핸들을 돌려 프로펠러를 가동시키면, 잠수정 안으로 물이 펌프질 되어 들어갔다 나왔다 하면서 그 힘으로 잠수정이 물속으로 가라앉거나 떠오를 수 있었어요. 터틀호는 처음으로 전쟁에 사용된 잠수정이기도 한답니다.

## 8. 1930년대

엘런 맥켄과 찰스 맘슨이 침몰한 잠수함에 갇힌 선원을 구조하기 위해서 '맥켄 잠수함 구명 체임버'를 개발했어요.

## 7. 19세기

19세기 중반이 되자 다이빙 벨은 창문이 달리고, 열두 명까지도 수용할 수 있는 장비로 발전했어요. 다이빙 벨은 주로 교량, 부두, 등대의 기초를 수리하는 데 사용되었어요. 벨 안에서 일하던 작업자들은 '케이슨병'을 자주 앓았는데, 이것은 오늘날 '잠수병'으로 불리는 병이랍니다 (29쪽 참조).

## 9. 1930년대

오티스 바튼과 윌리엄 비베가 공처럼 생긴 강철 잠수구를 고안했어요. 그들은 이 잠수구 안에서 심해 생물의 사진을 처음으로 찍었지요. 1934년에는 이 잠수구를 타고 923m 잠수 신기록을 세우기도 했어요. 미국의 과학자 글로리아 홀리스터도 잠수구를 타고 해저 탐사 활동을 했답니다.

## 10. 21세기

수많은 잠수 기술이 개발되었지만(42~43쪽 참조), 때로는 옛 기술만으로도 충분할 때가 있지요. 그래서 간단한 원리의 다이빙 벨은 오늘날에도 여전히 사용된답니다.

# 잠수복

잠수정은 사람들을 물속에 머물 수 있게는 해 주었지만, 해저를 자유롭게 돌아다닐 수 있게 해 주지는 못했어요. 그것은 잠수복이 발명된 후에야 가능해졌답니다. 잠수에 필요한 모든 기능을 제대로 갖춘 잠수복이 생기기까지는 수백 년 세월이 흘렀어요.

잠수를 위해 사람들은 처음에는 가운데 구멍이 뚫린 갈대 같은 단순한 튜브를 사용했어요. 이는 스노클링과 비슷한 원리였지요. 그러나 45cm 이상 물속으로 들어가게 되면 물과 공기의 압력 차가 커져서 더 이상 공기를 들이마실 수 없었어요.

레오나르도 다빈치는 수면 위 튜브와 연결된 마스크를 잠수부의 머리에 씌우는 잠수복을 고안했어요. 튜브는 코르크를 사용하여 물 위에 떠 있게 했답니다. 이 장치가 당시 실제로 만들어졌는지는 확실하지 않지만, 2003년에 실험해 본 결과, 얕은 수심에서는 잘 작동한다는 사실을 확인했어요.

1715년 영국의 존 레스브리지는 자신이 고안한 잠수복을 테스트해 보기 위해 정원에 연못을 팠어요. 그가 만든 잠수복은 나무통에 소매가 달린 모습이었고, 밖을 내다볼 수 있도록 유리창이 달려 있었답니다. 그는 이 잠수복을 입고 침몰한 배를 인양하는 작업을 하며 많은 돈을 벌었답니다.

폴란드의 브로츠와프 출신인 칼 하인리히 클링거트는 1797년에 물 위에 떠 있는 공기 저장 장치에 헬멧을 튜브로 연결한 잠수복의 설계에 성공했어요. 그러나 이 잠수복이 실제 제작되거나 테스트되었다는 증거는 없답니다.

1830년대에는 독일의 아우구스투스 시베가 잠수복 헬멧을 획기적으로 개선했고, 그가 개발한 잠수복은 이후 잠수복의 표준으로 자리매김했어요. 그의 잠수복은 방수 처리된 캔버스와 가죽으로 만들어졌고, 구리로 만든 헬멧은 튜브로 물 위와 연결되어 있었답니다.

1882년에 프랑스의 카르마뇰 형제가 처음으로 '대기압 잠수복'(지상과 같은 기압을 유지해 주는 잠수복)을 고안했어요. 무거운 쇠로 만들어진 이 잠수복은 무게가 무려 380kg이나 나갔답니다. 하지만 관절 부위에서 물이 새는 것은 막을 수 없어 실패하고 말았답니다.

프랑스의 발명가 이브 르 프리에르와 모리스 페르네즈가 1926년에 처음으로 자가 호흡 장치를 가진 잠수복을 만들었어요. 이 잠수복은 실린더에 들어 있는 압축 공기가 마스크에 지속적으로 공급되도록 만들어져서 잠수부가 오랜 시간 물속에 머무를 수 있었답니다.

스쿠버(자급식 수중 호흡 장치)라는 용어를 처음 만든 미국의 크리스티안 렘버첸이 1940년에 재호흡 장치를 개발했어요. 잠수부가 내뿜은 이산화 탄소가 화학 물질로 흡수되도록 만드는 장치였어요. 이렇게 하면 호흡으로 인한 물거품이 발생하지 않기 때문에 물 밖에서는 잠수부의 존재를 확인할 수 없었답니다. 이러한 장점은 제2차 세계 대전 때 유용하게 활용되기도 했어요.

1943년 자크 쿠스토와 에밀 가냥(30~31쪽 참고)이 아쿠아렁(잠수용 호흡기)을 개발했어요. 이 제어 장치는 잠수부가 숨을 들이쉴 때만 잠수 깊이에 적당한 압력으로 산소를 자동 공급했어요. 이 혁신적인 장치는 잠수부가 공기 탱크 하나만으로도 물속에 오랫동안 머무를 수 있게 해 주었어요.

# 잠수의 물리학

땅 위에서는 공기의 압력이 우리를 누르고, 물속에서는 물의 압력이 우리에게 압박을 주지요.
물은 공기보다 밀도가 훨씬 높기 때문에 우리가 물속에서 느끼는 압력은 지상에서보다 훨씬 강하답니다.

## 압력 측정

압력을 측정하는 단위를 '기압'이라고 해요. 해수면에서 잰 기압을 1 표준 기압이라고 한답니다. 잠수부가 물속에 들어가면 물의 압력을 느끼게 되는데, 더 깊이 잠수할수록 그 압력은 점점 더 강해져서 10m마다 1기압씩 늘어나게 돼요.

높아진 수압을 잠수부는 금세 느낄 수 있어요. 특히 고막이 막히기 때문에 잠수부는 반드시 기압을 맞추어야 한답니다. 높아진 수압은 폐에도 영향을 미쳐요. 폐가 압력을 받으면 폐 안의 면적이 줄어들기 때문에 잠수부는 숨을 들이마시기 어려워지고, 그만큼 충분한 산소 공급을 받기도 힘들어진답니다.

## 수압이 증가할 때 문제점

잠수부가 물속으로 깊이 들어갈수록 높아진 수압은 공기 공급이 신체에 미치는 영향도 달라지게 만든답니다. 압력이 증가할수록 혈액에 더 많은 가스가 녹아들고, 공기 탱크에 있는 산소는 소모되지만 질소는 그대로 남게 된답니다. 잠수부가 수면으로 올라갈수록 수압은 내려가고, 혈액 중 질소가 거품을 만들어 내지요. 탄산음료 뚜껑을 따면 갑자기 거품이 일어나는 것과 비슷한 원리랍니다. 이 거품이 모세 혈관을 막아 몸의 세포가 손상되면 잠수부는 잠수병을 앓게 돼요.

잠수병을 예방하려면 잠수부는 수면을 향해 천천히 올라와야 한답니다. 그렇게 몸에 해로운 질소 기포가 생기는 것을 막아야 해요. 그래서 현대의 잠수부들은 수면으로 떠오를 때 얼마만큼의 휴식 시간을 가져야 하는지 체크해 주는 컴퓨터 장치가 달린 잠수복을 입는답니다.

일단 잠수병에 걸린 잠수부는 추가로 산소를 공급받고, 감압 체임버로 옮겨져 치료받아야 해요. 그곳에서 체임버 압력을 높여 질소 기포를 녹인 후, 압력을 다시 천천히 낮추어서 거품이 다시 생기는 것을 방지한답니다.

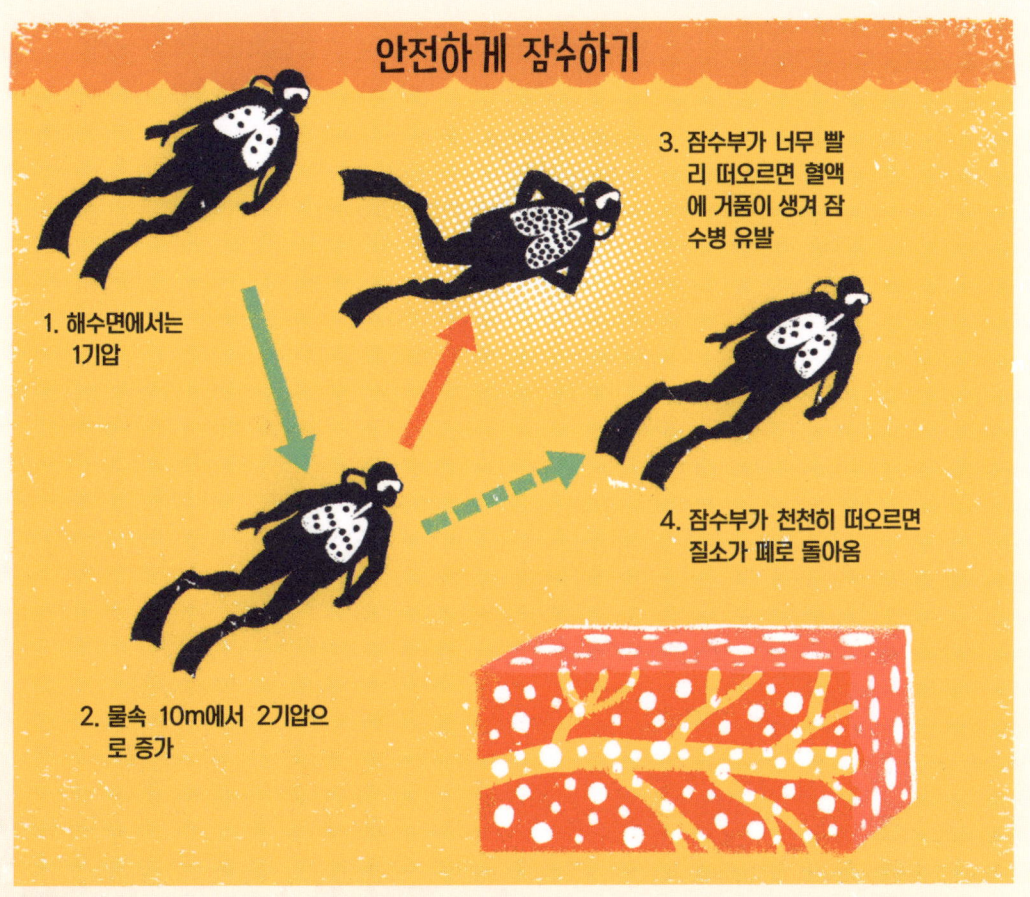

### 안전하게 잠수하기

1. 해수면에서는 1기압
2. 물속 10m에서 2기압으로 증가
3. 잠수부가 너무 빨리 떠오르면 혈액에 거품이 생겨 잠수병 유발
4. 잠수부가 천천히 떠오르면 질소가 폐로 돌아옴

## 심해 황홀증(질소 마취)

잠수부의 공기 탱크는 질소가 78%, 산소가 21%, 그리고 아르곤 같은 미량 가스가 1% 정도를 차지해요. 그런데 압력이 높아지면 질소는 마취제 같은 작용을 일으킨답니다. 그래서 더 깊이 잠수할수록 질소 마취 효과로 인한 황홀경, 판단력 상실, 졸음, 환각, 의식 불명 같은 부작용이 발생할 수 있어요. 다행히 이런 증상은 수면 위로 올라오면 몇 분 내로 사라진답니다. 이런 작용을 방지하기 위하여 심해에서 활동하는 잠수부는 질소 대신 헬륨이 포함된 혼합 가스를 사용해요.

# 심해의 놀라움

1956년 어느 날, 어두컴컴한 영화관에 앉아 있던 관객의 눈앞에 낯설고 놀라운 세계가 펼쳐졌어요. 그러나 그들이 보고 있던 건 공상 과학 영화가 아닌, 자크 쿠스토의 오스카상 수상작 〈침묵의 세계〉였답니다. 이 다큐멘터리 영화는 관객들에게 해저 세계의 경이로운 생명들의 모습을 최초로 선보인 작품으로 기록되었어요.

### 자크 쿠스토(1910~1997)

자크 쿠스토는 프랑스의 해양학자·탐험가이자 다큐멘터리 감독이었어요. 그는 1930년에 프랑스 해군 사관 학교에 입학하여 제2차 세계 대전 때에는 프랑스 레지스탕스의 스파이로 활약했답니다. 1948년부터는 해양고고학 잠수부로 활동하였고, 1951년 아내 시몬 멜키오르의 도움으로 배 '칼립소호'를 구입하여 매년 해양 탐사에 나섰어요. 그가 1956년에 만든 영화 〈침묵의 세계〉를 통해 많은 사람이 처음으로 해저 세계의 모습을 엿볼 수 있었어요. 이후 쿠스토는 잠수부들이 오랜 기간 깊은 물속에서 생활하고 작업하도록 해 주는 '콘셸프 프로그램'을 이끌고, '쿠스토 소사이어티'를 결성하여 해양 생태계 보호에 앞장서는 환경 운동가로 활약하기도 했답니다.

### 에밀 가냥(1900~1979)

에밀 가냥은 자크 쿠스토와 함께 자동 제어 밸브를 개발하여 잠수 기술을 혁명적으로 발전시킨 프랑스 기술자랍니다. 1947년에 캐나다로 이주한 그는 스쿠버 장비를 보다 정밀하게 개선하는 작업을 계속해 나갔어요.

### 영원한 유산

쿠스토와 가냥이 이루어 낸 혁신을 통해 보다 많은 잠수부들이 바다를 탐험할 수 있게 되었어요. 오늘날 잠수부들은 대기압 잠수복을 입고 활동한답니다. 이 잠수복은 깊은 바다의 높은 수압과 낮은 온도로부터 신체를 보호하는 갑옷 역할을 하고, 언제나 같은 기압을 유지해 잠수부가 감압 과정을 거치지 않고 빠르게 수면 위로 올라올 수 있도록 해 주지요.

바다 항해는 원래 위험천만하고 시간이 오래 걸리는 일이었어요. 값나가는 화물을 실어 나르다 파산한 배들은 보물 사냥꾼의 표적이 되었고, 그들은 위험을 무릅쓰고 침몰선 인양에 나섰답니다. 처음에는 프리 다이빙으로 보물 사냥에 나섰지만, 후에는 1535년에 굴리엘모 데 로레나가 고안한 것과 같은 초기 형태의 다이빙 벨(26쪽 참조)을 이용했어요.

최초의 난파선 인양에 대한 기록은 기원전 5세기에 페르시아 왕 세르세가 히드나와 그녀의 아버지 실리아스를 잠수부로 고용하여 난파선의 보물 인양을 시도한 일에 관한 것이었어요. 히드나 부녀는 세르세가 자신들을 구금하려 하자 도망쳤고, 그 일에 대한 보복으로 세르세의 배의 닻줄을 끊어 버렸답니다. 이 배들 중 일부는 표류하다가 파선하고 말았어요.

난파선 인양에 주어지는 보상이 매우 컸기 때문에 어떤 사람들은 지나치리만큼 그 일에 몰두하기도 했답니다. 영국으로 건너온 미국의 보물 사냥꾼 윌리엄 필립스(1651~1695)는 먼저 찰스 2세를, 이후에는 후계자인 제임스 2세를 설득하여 배를 얻어 내는 데 성공했어요. 그는 빚을 갚지 못해 감옥에 갇히기도 하고, 스페인 보물선 '누에스트라 세뇨라 데 라 콘셉시온'의 난파 잔해를 찾으러 떠났다가 선원들의 반란을 겪기도 했답니다.

필립스가 콘셉시온을 찾기까지는 3년이란 세월이 걸렸지만 그에게는 충분한 보상이 주어졌답니다. 선원들은 그 배의 잔해에서 20만 파운드(현재 가치로 약 600억 원 이상)의 동전, 금, 진주, 보석, 그리고 은을 찾아냈답니다. 필립스의 전리품을 상납받은 제임스 2세는 매우 기뻐하며 그에게 기사 작위를 주고, 매사추세츠 주지사로 임명하기도 했어요.

현대식 장비를 이용한 최초의 침몰선 인양 작업은 1782년에 영국 포츠머스 인근 해역에서 파선한 '로얄조지호'를 대상으로 이루어졌답니다. 1834년과 1836년 사이에 기술공 찰스 딘과 존 딘은 자신들이 발명한 공기 공급 장치가 달린 잠수 헬멧을 사용하여 침몰선의 대포를 회수하는 데 성공했답니다. 이들은 조업 도중 튜더 왕가의 전설적인 전투선 '메리로즈호(35쪽 참조)'의 잔해를 우연히 발견하기도 했답니다.

# 난파선

전 세계 바닷속에는 약 300만 척의 난파선이 있는 것으로 추정되고 있어요. 그중에는 엄청나게 많은 보화를 실은 배도 있었기 때문에 이들은 언제나 보물 사냥꾼의 관심 대상이었지요. 1566년과 1789년 사이에는 매해 금은보화를 실은 한 무리의 배가 아메리카 대륙을 떠나 스페인으로 출항했답니다. 그중 일부는 항해 도중 파선했는데 대부분 카리브해에서 침몰했어요. 이런 난파선에서 찾은 보물 중에는 금화나 진주 목걸이 같은 것만 있었던 것은 아니에요. 난파선을 통해 역사가들은 배를 타고 항해하던 사람들의 삶의 흔적을 발견할 수 있었는데, 그중에는 수천 년 전에 항해했던 사람들의 흔적도 있었어요.

## 난하이 1호

'난하이 1호'는 송나라(1127~1279) 시대에 푸젠성에서 출항한 무역선으로 출항 직후 침몰한 배였어요. 이 난파선을 조사하던 고고학자들은 2007년에 다른 사람들도 이 배를 구경할 수 있도록 박물관 수조에 바닷물을 채우고 그 안에 이 배를 통째로 넣은 후 남은 조사를 진행하기로 결정했답니다. 이 배에서 지금까지 18만 개에 달하는 유물이 발굴되었어요. 그 유물 중에는 다음의 물건이 포함되어 있었답니다.

소금에 절인 오리알 (선원이 먹던 음식으로 추정)

동전

보석

도자기로 만든 그릇과 화기

## 안티키테라호

기원전 1세기에 한 화물선이 크레타에서 가까운 안티키테라 섬 인근에서 침몰했어요. 이 난파선은 근처 해역에서 해면을 채취하던 그리스 잠수부들에 의해 발견되었는데, 수많은 고대 그리스의 유물이 발굴되었답니다. 1970년에는 자크 쿠스토가 지휘하는 팀이 이 배에서 더 많은 유물을 발견했어요. 배에서 찾은 유물 중에는 다음의 물건이 포함되어 있었어요.

조각상

도자기

안티키테라 기구

안티키테라에서 발견된 유물 중 가장 주목을 받은 것은 '안티키테라 기구'예요. 청동 톱니바퀴로 만든 이 복잡한 장치는 해, 달, 그리고 몇몇 행성의 움직임을 예측하는 데 쓰였다고 해요.

유리 세공품

보석 장신구

## 메리로즈호

1545년 7월 17일, 헨리 8세의 전함 메리로즈호는 프랑스 함대와의 전투를 앞두고 영국 포츠머스에서 출항했어요. 메리로즈호는 전투 중 함포를 쏘고 회항하려 했지만 열려 있던 포문으로 물이 흘러 들어오는 바람에 그만 수심이 얕은 물에서 가라앉고 말았답니다. 난파한 메리로즈호는 1836년에 찰스 딘과 존 딘에 의해 발견되기도 했지만, 해저 변형이 일어나는 바람에 다시 실종되고 말았어요. 이 배는 결국 1968년이 되어서야 알렉산더 맥기와 마가렛 룰 박사에 의해 다시 발견되었답니다. 이 배의 조각나지 않은 선체 부분은 포츠머스에 있는 메리로즈 박물관에 전시되어 있어요.

- 대궁과 화살
- 신발과 양말
- 참빗(당시에는 머릿니가 자주 창궐했답니다)
- 대포
- 바이올린과 활

## 바사호

1628년 당시 스웨덴의 전함 '바사호'는 세계에서 가장 큰 배였어요. 배의 상부가 너무 무거웠던 바사호는 첫 출항 중 스톡홀름 항구에서 그만 침몰하고 말았어요. 1961년에 인양에 성공한 바사호는 스톡홀름 항구의 차가운 물과 약한 햇볕 덕분에 아주 좋은 상태로 발견되었답니다. 게다가 항구의 오염된 물 덕분에 미생물들이 살지 못해 배의 나무도 썩지 않고 잘 보존되어 있었어요. 현재는 보존 처리되어 스웨덴의 바사 박물관에 전시되어 있답니다. 이 난파선에서는 지금까지 1만 점 이상의 유물이 발굴되었어요. 지금까지 잠수부들이 발견한 유물에는 다음이 포함되어 있답니다.

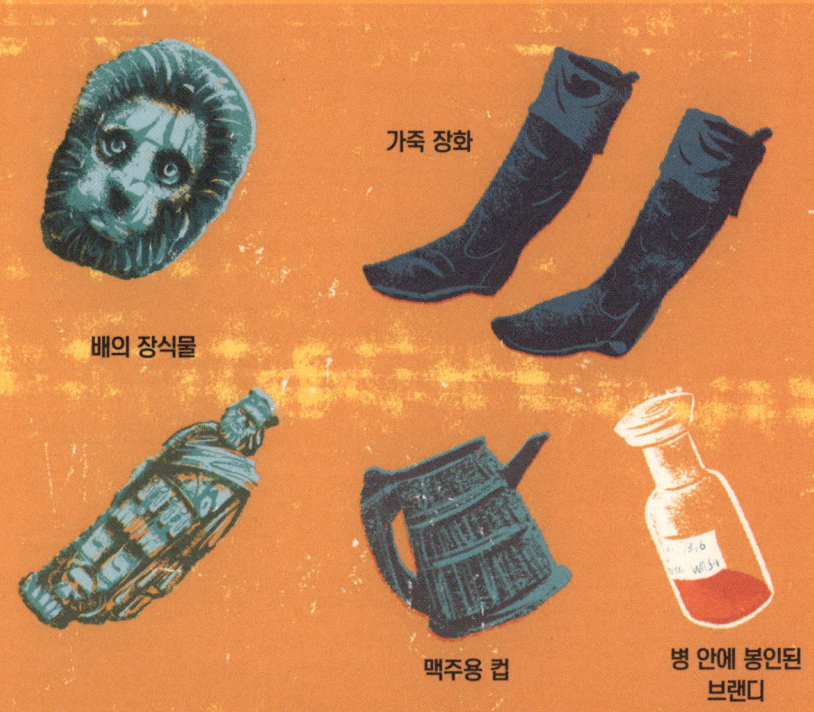

- 배의 장식물
- 가죽 장화
- 맥주용 컵
- 병 안에 봉인된 브랜디

## 테러호와 에레버스호

1845년에 영국의 탐험가 존 프랭클린 경은 탐험대를 이끌고 북극해를 지나는 북서 항로를 개척하기 위해 떠났답니다. 그런데 그의 배 '테러호'와 '에레버스호'가 빙산에 갇혀 꼼짝달싹 못 하게 되었고, 결국 선원 129명이 모두 사망하고 말았어요. 이후 오래도록 아무도 그 배를 찾을 수 없었답니다. 그런데 어느 날, 이누이트 출신의 역사가 루이 카무칵이 중요한 연결 고리를 찾았어요. 그는 자신이 어릴 때 들었던 여러 이야기들과, 19세기 학자들이 수집한 여러 자료가 프랭클린 탐사대에 관한 것임을 깨닫게 되었답니다. 그가 제공한 정보에 따라 연구를 진행하던 고고학자들은 2014년과 2016년 사이에 캐나다의 킹 윌리엄 섬 근처에서 이 난파선을 결국 찾아냈어요. 그중에는 다음과 같은 물건들이 포함되어 있었어요.

- 장교의 군복 어깨 견장
- 선반 속에 쌓아 둔 접시들
- 머리카락이 얽혀 있는 빗
- 지문이 남아 있는 봉랍 (편지, 포장지, 병 등을 봉하여 붙이는 데 쓰던 밀랍)

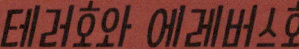

# 타이타닉호

무게가 52,000톤에 길이는 269m였던 이 배는 당시 세계에서 가장 큰 배 중 하나였답니다. 1912년 4월 10일, 영국 사우샘프턴에서 출항한 타이타닉호는 나흘 후 밤 11시 40분에 뉴펀들랜드에서 740km 떨어진 지점에서 빙산과 충돌하고 말았어요. 타이타닉호는 160분 만에 완전히 침몰했고, 2,200명의 승객 중 약 1,500명이 생명을 잃었답니다. 이 배가 다시 모습을 드러내기까지는 73년이 넘는 세월이 흘렀어요.

## 발견

해양학자 로버트 발라드가 미국 해군에게 타이타닉호를 탐사하는 데 필요한 장비를 개발할 수 있도록 자금 지원을 요청했어요. 미국 해군은 그 장비를 난파한 미군 잠수함 두 척의 잔해 탐사를 위한 비밀 임무에 먼저 사용하는 조건으로 그의 요청을 받아들였답니다.

## 잔해 찾기

발라드는 타이타닉호 탐사를 위해 '아르고'라는 이름의 원격 조정 운송 수단을 개발했어요. 아르고에는 조명 장치와 카메라, 그리고 수중 음파 탐지기가 실려 있었고, 수심 6,000m까지 달아내릴 수 있었답니다. 발라드는 1984년과 1985년에 두 척의 미군 잠수함을 조사하면서, 배가 가라앉으면 해저에 혜성의 꼬리 같은 잔해 흔적을 남긴다는 사실을 알아냈어요. 그래서 발라드는 타이타닉호의 잔해 흔적을 찾아보기로 결심했답니다. 결국 1985년 9월 1일에 그는 타이타닉호의 보일러 하나를 찾아냈어요. 그리고 그다음 날, 아르고는 해저 3,840m에 있던 타이타닉호의 메인 선체의 사진을 찍을 수 있었답니다..

찾아낸 잔해 중에는 일등실 식당의 스테인드글라스 창문을 포함한 객실의 화려한 장식물의 일부도 있었어요.

선장 숙소에는 선장의 욕조도 그대로 남아 있었고요.

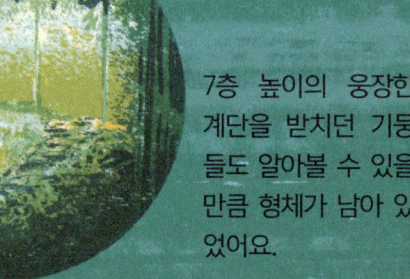

7층 높이의 웅장한 계단을 받치던 기둥들도 알아볼 수 있을 만큼 형체가 남아 있었어요.

타이타닉호는 바다 밑바닥 3.75km 깊이로 침몰하면서 두 동강이 났어요.

선미 부분은 가라앉는 속도가 어찌나 빨랐던지 바다 밑바닥을 18m나 파고 들어갔어요.

선수 부분도 가라앉는 속도가 너무 빨라서 뱅글뱅글 돌다가 큰 조각들이 떨어져 나갔답니다.

## 잔해 속으로

발라드는 1986년에 타이타닉호의 침몰 현장으로 돌아왔어요. 그리고 잔해를 직접 보기 위해 잠수정 '앨빈'을 타고 심해로 내려갔답니다. 앨빈에 탑재된 해저 탐사 로봇 '제이슨 주니어'가 해저 사진을 촬영하고 샘플을 수집했어요. 침몰 현장이 수많은 사람들의 무덤이나 마찬가지였기에 발라드는 최대한 예의를 갖추고 탐사 활동을 진행했답니다.

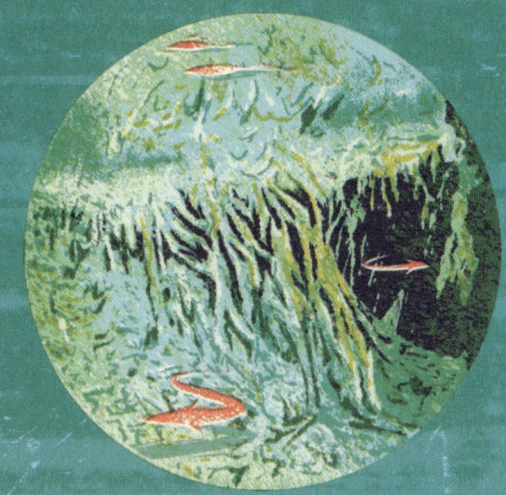

너비가 7m나 되는 프로펠러 중 하나도 바다 밑바닥에서 발견되었답니다.

타이타닉호의 잔해에서는 적어도 28종의 바다 생물이 발견되었어요. 물고기, 해삼, 나무에 구멍을 뚫고 들어가 사는 수생 연체동물, 새우 등이었지요. 녹을 먹고 사는 박테리아는 타이타닉호의 잔해에서 처음 발견되었기 때문에 '할로모나스 타이타닉'이라고 명명되기도 했어요.

# 가라앉은 도시들

그리스의 철학자 플라톤이 '아틀란티스'라는 고도로 문명이 발달한 섬에 대한 이야기를 쓴 이후, 많은 사람이 바닷속에 가라앉은 도시 이야기에 매료되었어요. 플라톤에 따르면 아틀란티스의 시민들이 탐욕스럽고 부도덕해지자, 화가 난 신들이 화산 폭발, 지진과 해일을 일으켜 도시를 파괴했다고 해요. 결국 아틀란티스에 대한 전설은 플라톤이 지어낸 것으로 추정되지만, 어떤 사람들은 그리스의 '테라(지금의 산토리니, 56쪽 참조) 섬'을 모델로 한 이야기라고 생각하기도 한답니다.
하지만 바다 밑에 가라앉은 도시는 실제로 여럿 있답니다.

## 토니스 헤라클레온과 카노푸스

이 두 도시의 흔적은 이집트의 현대 도시 알렉산드리아 근처의 수심이 얕은 바다에서 발견되었어요. 무려 2천 년 이상 된 이 고대 도시들은 서기 2세기, 혹은 3세기 때 발생한 여러 지진과 쓰나미 때문에 지반이 약해졌고, 결국 물속으로 가라앉고 말았다고 해요. 1990년이 되어서야 발견된 두 도시에서는 수많은 화강암 건물 조각, 동상, 방첨탑(네모진 거대한 돌기둥), 스핑크스, 폐허가 된 사원과 왕궁의 잔재들, 그리고 고대의 불가사의한 건축물 중 하나인 '알렉산드리아의 등대'도 발견됐답니다.

### 포트 로열

자메이카의 포트 로열은 한때 '지구상에서 가장 사악한 도시'라는 별명을 지니고 있었어요. 영국 정부가 이 도시를 해적과 사나포선(민간 소유이지만 교전국의 정부로부터 적선을 공격하고 나포할 권리를 인정받은 배)을 위한 안전한 도피처로 지정한 이후, 이곳으로 몰려온 이들의 재산 덕에 도시가 부강해졌기 때문이에요. '블랙비어드호'나 '헨리 모건호' 같은 유명한 사나포선이 이 도시를 항구로 사용했답니다. 그러나 1692년 6월 7일, 거대한 지진과 쓰나미가 포트 로열을 덮쳤고, 도시의 3분의 2가 물속에 잠기면서 약 3천 명의 사람들이 목숨을 잃고 말았어요.

### 마하발리푸람

인도의 타밀 나두에 있는 마하발리푸람은 서기 3세기에서 9세기까지 팔라바 인도의 남부를 지배했던 팔라바 왕조가 건설한 도시예요. '해안 사원'만이 바닷가에 모습을 드러내고 있고, 다른 사원들은 물속에 잠겨 있답니다. 그러다 2004년에 발생한 거센 쓰나미가 바다에 잠겨 있던 동상들의 모습을 드러냈어요.

### 아틀리트-얌

이스라엘의 아틀리트 앞바다 812m 아래 잠겨 있는 이 신석기 시대 마을에서는 스톤 서클(원형으로 늘어선 돌기둥), 가옥, 곡물 가게, 해골 등이 발굴되었어요. 이 마을은 어찌나 보존이 잘 되어 있었던지 곡물 속에서 신석기 시대의 바구미가 발견될 정도였답니다!

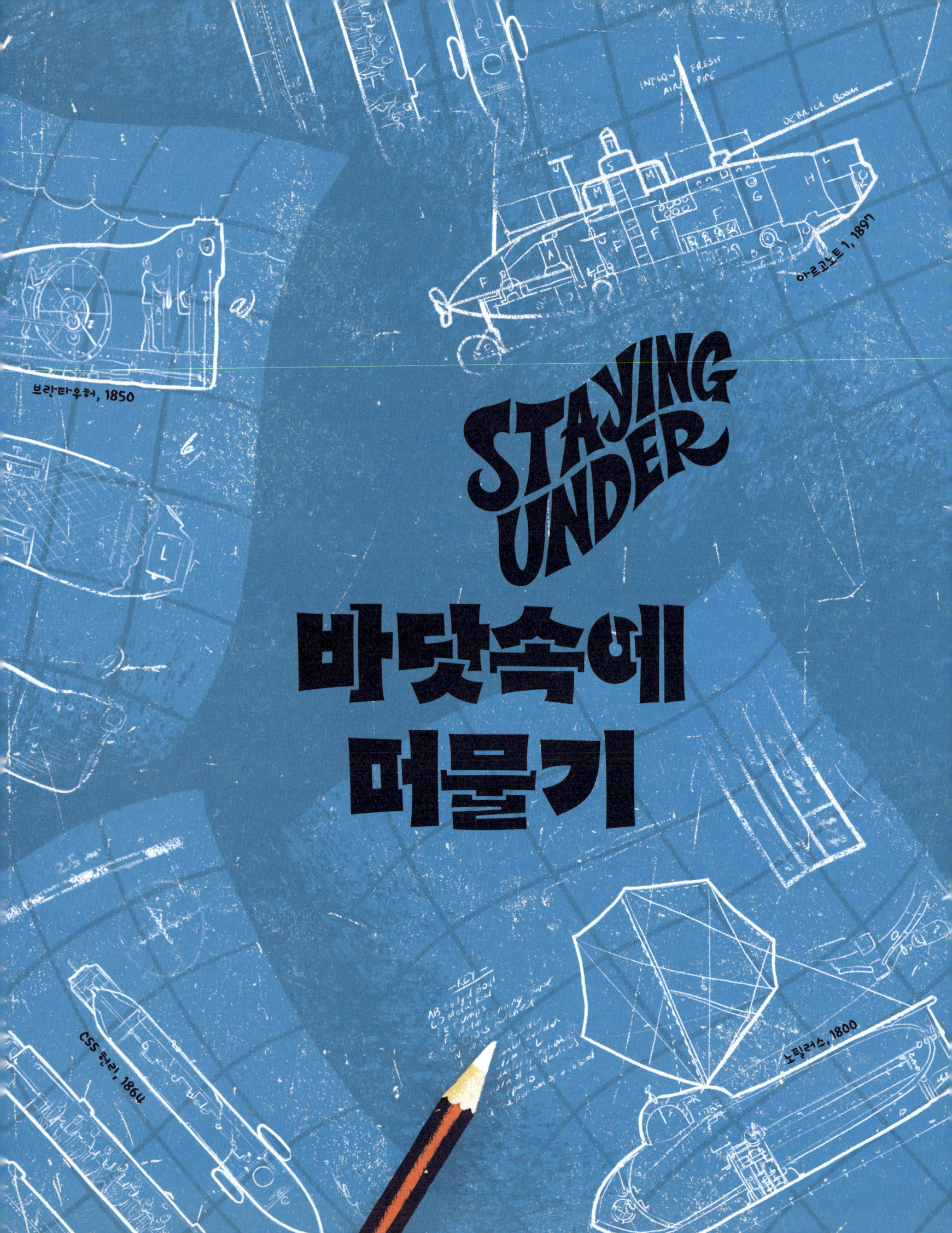

 초창기의 잠수정도 매우 유용하긴 했지만 바다 밑을 좀 더 오래 항해하기 위해서는 더 크고 힘이 센 운송 수단이 필요했어요. 특히 발명가들은 잠수정의 군사적 유용성에 주목했고, 물속에서 몰래 적을 공격할 수 있는 잠수함을 개발하기 시작했답니다.

 처음에는 많은 시행착오가 따랐어요. 로버트 풀턴이 고안한 수동으로 움직이는 잠수함 '노틸러스(1800)'는 적의 선체 밑으로 지뢰를 끌고 가기 위한 목적으로 설계되었답니다. 이 잠수함은 현대 잠수함의 표준이 된 여러 기능을 이미 장착하고 있었음에도 불구하고 성공하지는 못했어요. 풀턴은 이 잠수함을 프랑스 해군에게 파는 데 실패하는 바람에 잠수함을 고철 덩어리로 팔아야 했답니다. 독일의 발명가 빌헬름 바우어가 만든 '브란타우허'는 적의 배 밑으로 잠수해서 선체에 폭발물을 부착할 수 있도록 고안되었지만 키엘항에서 시험 운항 중 침몰하고 말았어요. 현재는 인양되어 독일의 드레스덴에 전시된 이 배는 현존하는 가장 오래된 잠수함이랍니다.

 세계 최초로 군사적 능력을 보여 준 잠수함은 1864년 미국의 남북 전쟁 당시에 등장했던 'CSS H. L. 헌리'였답니다. 이 잠수함은 적함 'USS 후사토닉'을 격침시키는 데 성공했어요. 그렇지만 물속에서의 전투는 헌리에게도 매우 치명적이었어요. 후사토닉이 침몰한 이후 헌리도 침몰하고 말았고, 선원 여덟 명도 전원 사망했답니다.

 19세기 말이 되어서야 잠수함은 성공적으로 작동하기 시작했어요. 사이먼 레이크가 만든 가솔린 기관을 장착한 잠수함 '아르고노트 1'은 1898년 버니지아주의 노포크에서 뉴저지주의 샌디후크까지 무사히 항해했답니다. 아일랜드의 기술자 존 필립 홀랜드가 건조한 '홀랜드'는 미국, 일본, 그리고 영국 해군을 위해 건조되었어요. 전기 모터와 전기 축전지를 내연 기관과 처음으로 결합한 이 잠수함은 오늘날 잠수함의 동력 장치 표준의 기초가 되었답니다.

# 잠수함의 작동 원리

배가 물에 뜨는 것은 배의 무게가 부력(배를 밀어 올리는 힘)과 중력(배를 밀어 내리는 힘)의 균형을 맞춰 주기 때문이에요. 잠수함은 펌프질을 통해 평형수 탱크에 물과 공기를 넣었다 뺐다 하면서 이 부력을 조절한답니다. 이를 통해 잠수함이 잠항하거나 부상할 수 있는 것이지요. 잠수함이 잠항하려면 평형수 탱크에 물을 채워 무겁게 만들어야 해요. 잠수함이 부상하려면 탱크에 압축 공기를 주입하여 물을 탱크 밖으로 밀어내야 하지요.

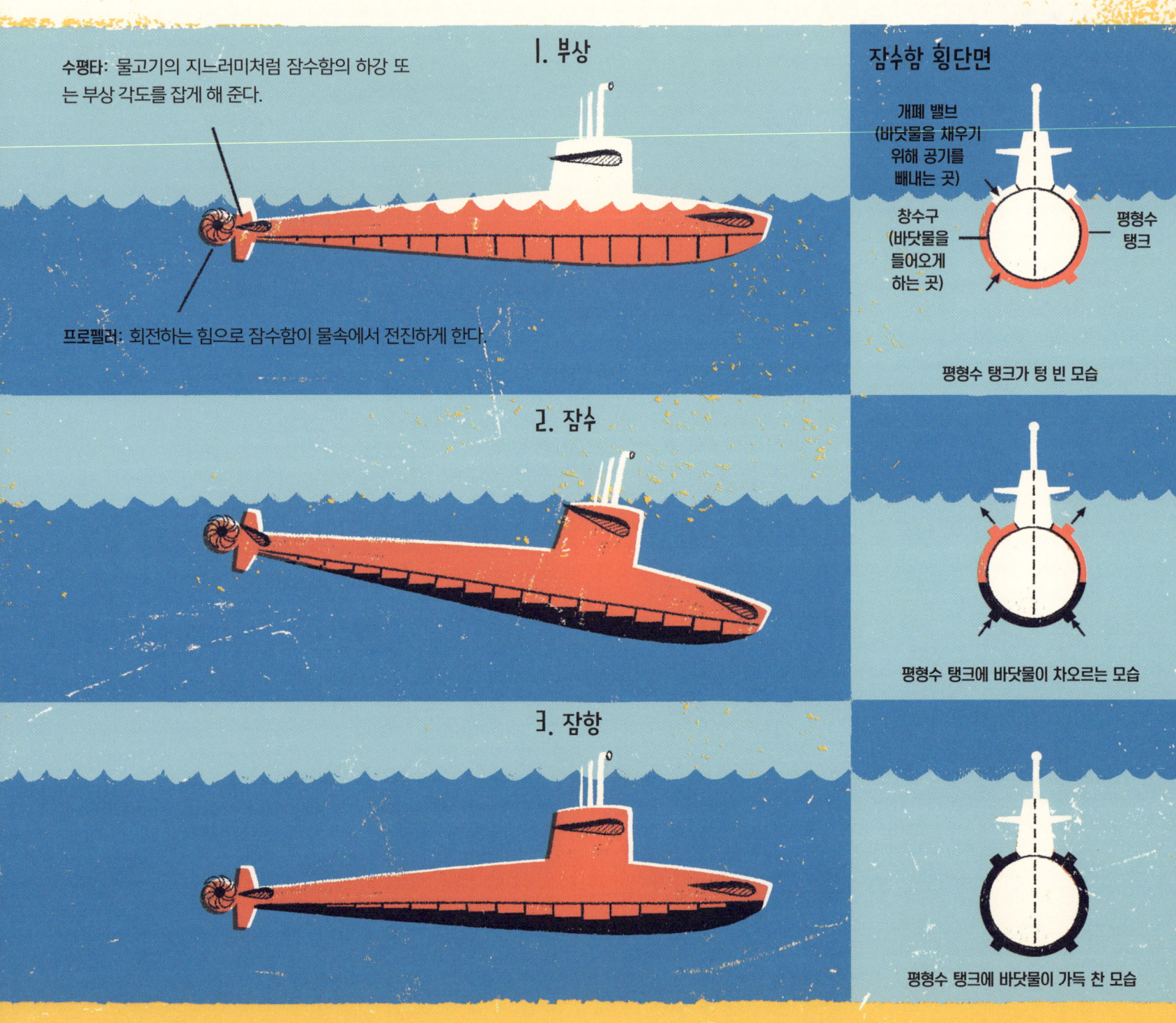

잠수함을 움직이게 하는 터빈을 돌리기 위해 필요한 전기는 증기를 이용하여 만들어진답니다. 이를 위해 잠수함은 디젤이나 원자력을 연료로 사용하지요. 그런데 물을 증기로 변환시키는 열을 발생시키려면 디젤을 연소하는 과정이 필요하고, 연소를 위해서는 산소 공급이 필요하답니다. 그래서 디젤 엔진은 수면 위에서만 사용할 수 있어요. 디젤 엔진이 발전기를 돌려 축전지를 충전하면, 그 축전지가 물속에 들어가 있는 잠수함에 전기를 공급한답니다.

## 조종실 안

**항해:** 깊은 물속에는 빛도 없고 GPS(인공위성을 이용하여 자신의 위치를 정확히 알아낼 수 있는 시스템)도 작동되지 않아요. 그래서 잠수함은 위치 파악을 위해 관성 항법 장치에 의존해야 한답니다. 관성 항법 장치는 가속도계로 속도(속력과 방향)를 측정하고, 자이로스코프로 회전을 측정해요. 이 장치로 측정한 데이터를 사용하여 잠수함이 출발 지점부터 어느 방향으로 얼마나 멀리 이동했는지 컴퓨터로 계산할 수 있답니다.

**잠망경:** 이것은 잠수함의 '눈' 역할을 해요. 잠수함이 물속에 있는 동안에도 승무원은 잠망경을 통해 물 위를 살필 수 있답니다. 잠망경은 보통 눈에 잘 띄지 않도록 가늘고 길게 만들어지고 어두운색으로 칠해져 있어요.

**물:** 승무원이 마실 물과 장비의 열기를 식힐 담수는 함 내에서 바닷물을 정수해서 만들어요.

**쓰레기:** 잠수함의 쓰레기도 어디에선가 처리되어야 한답니다. 잠수함에서 나온 쓰레기는 강철통에 압축되었다가 에어로크(기체 성분이나 압력 등이 다른 두 공간 사이의 이동을 위해 설치하는 구조물)를 통해 해저로 보내져요.

**산소 공급:** 잠수함에는 산소 공급을 위한 압축 공기 탱크도 있지만 화학 반응을 유도하여 산소를 만들기도 한답니다. 승무원이 내뿜는 이산화 탄소는 이를 빨아들이는 화학 물질을 사용해서 제거하기도 해요.

# 놀라운 구조

20세기 들어 여러 군사 강대국들이 잠수함을 사용하기 시작했지만 잠수함에 타는 일은 여전히 위험했어요.
'맥켄 구조 체임버(27쪽 참조)'와 같은 발명품은 바다에 수장될 위험에 처한 승무원들을 구조하기 위해 만들어졌습니다.
시범 잠수 훈련도 위험을 감수하며 이뤄졌어요.

찰스 몸센의 다이빙 벨은 승무원 33명의 목숨을 구했답니다. 과거에는 물속 6m 아래의 잠수함은 구조된 적이 없었기 때문에 세계 최초의 기록이었어요. 스쿠알루스함은 자그마치 물속 73m까지 내려갔는데, 73m란 깊이는 몸센의 다이빙 벨이 아니었다면 사망 선고나 마찬가지였어요.

**수천 년 동안 사람들은 바다를 이동 수단, 거대한 식품 저장고, 또는 가라앉은 보물 정도로만 생각했어요. 그러나 선구적인 해양 생물학자들은 바다는 그 자체가 하나의 천연 보물이라는 사실을 우리에게 보여 주었답니다.**

18세기, 여러 국가는 바다 탐사에 나서면서 때때로 동식물학자를 대동하기도 했어요. 1766년에 필리버트 코머슨은 자신의 조수 잔느 바레(최초로 세계 일주를 한 여성인 그녀는 남자로 분장하고 여행했답니다)를 데리고 프랑스의 루이 앙투안 드 부겐빌 제독의 항해에 동행했답니다. 그들이 수집한 샘플은 베르나르 제르맹 드 라세페드의 유명한 책 <물고기의 자연사>에 수록되기도 했어요. 영국의 탐험가 제임스 쿡 선장도 1768년에 떠난 항해에서 동식물학자들과 함께했어요. 그들은 쿡 선장의 배를 타고 태평양의 해양 생물종을 연구했답니다.

19세기에는 더 많은 과학자들이 해양 생태를 탐사했어요. 그중에는 '비글호'를 타고 5년간 남반구를 도는 항해에 동행했던 동식물학자 찰스 다윈(1809~1882)도 있었지요. 19세기는 해양 생태 연구에 많은 진전이 있었던 시대였답니다. 1872부터 1876년까지의 챌린저호 탐사도 이때 이루어졌지요. 스코틀랜드 출신의 해양 생물학자 찰스 와이빌 톰슨(1830~1882)이 이끌었던 챌린저호는 47,171종의 새로운 해양 생물을 발견했고, 수심 5,000m 아래에도 생명이 존재한다는 사실을 발견했답니다. 사람들은 그 전까지는 그렇게 깊은 수심에서 생명이 살 수 없다고 생각했어요.

해양 생물학은 지금도 활발한 연구를 거듭하여 성장 중인 학문이에요. 1873년에 이탈리아 나폴리 출신의 안톤 돈(1840~1909)이 설립한 해양 과학 기지 같은 연구소가 많이 생겨나면서 전 세계 과학자들이 연구 협력을 할 수 있는 환경도 조성되었답니다. 그러나 오늘날에도 해양 생물을 연구하는 것은 쉬운 일이 아니에요. 그러나 해양 생물학은 많은 새로운 발견을 이루어 낼 수 있는 보람 있는 학문이기도 해요. 과학자들은 해양 생물 중 인간이 발견한 것은 전체의 3분의 1밖에 되지 않는다고 추측한답니다.

# 해양 생물학자들

해양 생물학자들은 플랑크톤같이 작은 생물로부터 대왕고래 같은 거대한 동물까지 모두 연구한답니다. 그들은 연구를 위해 간단한 손 그물부터 원격 조정되는 잠수정까지 다양한 장비를 사용해요. 해양 생물학자들은 실험을 기획하고 실행할 뿐 아니라, 배의 엔진도 수리하고, 직접 물속으로 뛰어들어 조사 활동을 하는 등, 그야말로 연구에 '푹 빠져' 사는 사람들이랍니다.

## 레이첼 카슨(1907~1964)

미국의 해양 생물학자이자 환경 운동가였어요. 미 정부 수산국 소속 수생 생물학자로 활동했던 그녀는 여러 환경 관련 서적을 집필하기도 했어요. 획기적이었던 그녀의 저서 <침묵의 봄>은 인류에게 살충제 오남용의 부작용을 경고한 시대를 앞선 책이었어요. 그녀의 책이 출간된 이후, 여러 국가가 바다를 잘 보호할 수 있도록 법을 개정하였답니다.

## 유지니 클라크(1922-2015)

'상어 여사'라는 별명을 얻을 정도로 어류 증식과 상어의 행태 연구에 많은 업적을 쌓았어요. 그녀는 제2차 세계 대전 이후 해양 생물학을 연구한 몇 안 되는 여성 학자 중 하나였어요. 그녀는 대중에게 상어를 긍정적으로 알리기 위해 많은 노력을 했어요. 물고기 중에는 그녀의 이름을 따라 이름 지은 것들도 있답니다. 그녀는 92세가 될 때까지 바닷물에 직접 뛰어들어 연구를 했다고 해요.

동양에서도 하이드로충류를 연구한 사람들이 있습니다. 하이드로충류는 해파리와 산호와 연관되는 해양 생물입니다.

## 케이티 페인(1937~현재)

오랫동안 혹등고래의 노래를 연구하고 분석해 온 미국의 해양 생물학자예요. 음악과 생물학을 전공한 그녀는 혹등고래 수컷의 노래가 매 계절 바뀔 뿐 아니라, 반복되는 운율과 후렴이 있다는 것을 발견했답니다.

## 미셸 게레로 만체노(1971~현재)

그가 태어난 에콰도르의 해안 근처에 서식하는 만타 가오리를 연구하는 해양 생물 연구단을 이끌고 있어요. 양 날개 길이가 7m나 되는 거대한 만타 가오리는 세계 어느 지역보다 이곳에 많이 서식하고 있답니다. 그가 이끄는 연구단은 만타 가오리의 분포와 이동 특성을 연구하고, 멸종 위기로부터 만타 가오리를 보호할 수 있는 프로그램을 만들고 있어요.

## 아사 데 보스(1979~현재)

북인도양의 대왕고래를 전문적으로 연구하는 스리랑카의 해양 생물학자예요. 그녀는 스리랑카인 중 처음으로 해양 포유류 연구 분야에서 박사 학위를 받았답니다. 그녀는 스리랑카 최초의 해양 보전·연구 및 교육 기관인 '오션 스웰'을 설립하기도 했어요.

# 해저 환경

해양 생물학자들은 출발한 연구 덕분에 우리는 바다에 50~1,000만 종의 바다 생물이 사는 수많은 서식지가 있다는 사실을 알게 되었어요. 바다는 지구상에서 가장 다양한 생물이 서식지가 있는 곳이랍니다. 갯바위 물웅덩이, 산호초, 북극해, 다시마 숲에 사는 다양한 바다 생물들은 각기 다른 어려움을 겪고 있으며, 각기 다른 생존 전략이 필요해요.

## 갯바위 물웅덩이

이곳은 매일 두 차례 드라마틱하게 변하는 환경에 대처하며 살아가는 여러 해양 동물과 해조류의 작은 생태계랍니다. 썰물 때는 수온이 올라가면서 물 속 산소량이 줄어들고, 밀물 때 들어오는 조수는 이곳에 사는 동식물을 강타하기도 하죠.

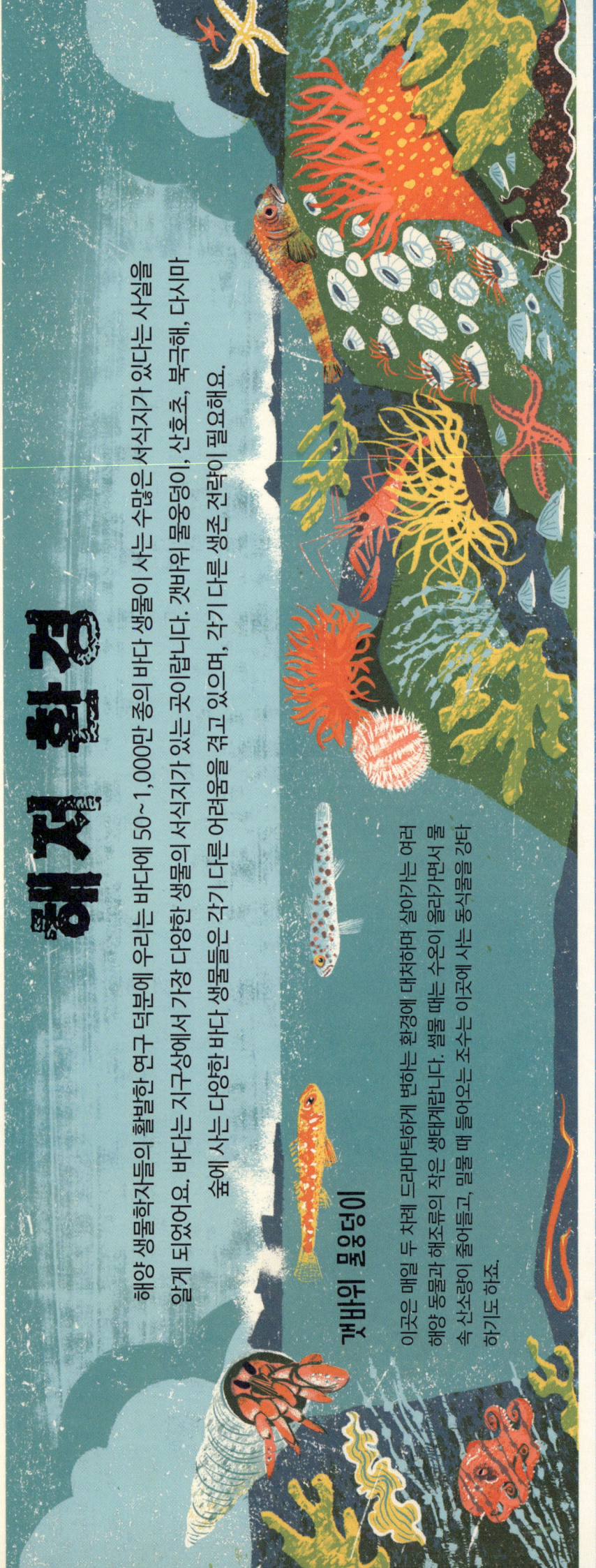

## 산호초

산호초는 수온이 따뜻하고 수심이 얕은 열대나 아열대 지방에 주로 서식한답니다. 산호충은 거대한 무리를 이루며 아주 작은 생물이에요. 산호충이 죽으면 남겨진 뼈가 퇴적되어 암초를 형성하고, 그 위에 새로운 산호가 자라나요. 산호충 안에 사는 작은 조류는 햇빛의 광합성 작용을 통해 먹이를 만들어 내지요. 산호초는 매년 2~16cm씩 자라지만 오염이나 수온 상승, 포식자에 의해 쉽게 손상되기도 해요.

산호초가 바다에서 차지하는 면적은 전체의 1%도 되지 않지만, 해양 생물종의 25%가 산호초에 서식하고 있답니다. 산호초는 지구에서 다양한 생물을 품은 해양 생태계 중의 하나라고 할 수 있어요. 산호초는 파도와 폭풍으로부터 해안을 보호해 주고, 여러 생물에게 안식처와 먹이를 제공하지요. 많은 물고기들이 산호초에서 새끼를 낳아 기를 뿐 아니라, 상어나 새 같은 포식자들에게도 산호초가 결수적인 사냥터 역할을 하기도 한답니다.

## 극지방 바다

온갖 영양분이 가득한 북극과 남극의 차가운 바다에는 수많은 생물들이 살고 있어요. 얼은 수심이 바다가 많은 북극에는 햇빛이 잘 들기 때문에 식물성 플랑크톤이 서식하기에 좋은 환경이에요. 작은 새우처럼 생긴 크릴을 비롯한 많은 해양 동물은 식물성 플랑크톤을 먹고 살고, 더 큰 동물들도 직간접적으로 크릴로부터 영양분을 공급받는답니다. 다른 바다에서도 서식하는 크릴은 해양 생태계를 유지하는 아주 중요한 먹이 공급원이에요. 남극해에도 물가사리, 오징어, 여러 물고기 등 다양한 해양 동물이 살고 있어요. 게들해물범과 얼룩무늬물범을 포함한 열한 종의 남극해 물개 및 팔긴 종이 남극해의 물고기를 잡아먹고 산답니다. 또한 남극해에는 수많은 고래 종이 서식하고 있어요.

## 켈프 숲

켈프는 비교적 수심이 앉고 차가운 바닷속에 자라는 거대한 해조예요. 바다 밑바닥에 붙어 자라는 켈프는 온대와 극지방 바다의 해안 지역에 큰 숲을 형성해 서식하지요. 이런 켈프 숲은 많은 해양 생물을 북풍으로부터 보호하고, 먹이를 제공하며, 안식처가 되어 준답니다. 켈프가 자라는 속도는 놀라우리만큼 빨라요. 하루에 50cm씩 자라는 켈프도 크게는 53m의 거대한 숲을 이룬답니다. 이렇게 자란 거대한 켈프 숲 그늘에서 물고기들은 안전하게 새끼를 낳아 기르고, 해달은 켈프를 파괴하는 성게를 잡아먹으며 숲을 보호하는 데 일조한답니다. 켈프는 산소를 만들어 내기도 해요. 우리가 숨 쉬는 공기의 반 이상은 광합성을 하는 해초나 식물성 플랑크톤로 같은 바다 생명체가 만들어 낸 것이랍니다.

1831년 7월, 시칠리아 해안 근처에서 새로운 섬 하나가 솟아났어요. 지진과 유황 냄새, 그리고 바다에서 뿜어져 나오는 연기를 동반한 이 섬의 탄생은 해저 화산 폭발로 생긴 것이었답니다.

시칠리아와 튀니지 사이에 자리 잡은 이 섬을 영국인들은 '그래이엄 아일랜드'라고 불렀고, 시칠리아 왕은 '페르디난디아'라고 불렀어요. 유럽의 여러 국가들이 이 섬이 자국의 영토라 주장하기 시작했고, 하마터면 영유권 전쟁으로 이어질 뻔했답니다. 불행 중 다행으로 이 섬은 탄생만큼이나 빠른 속도로 사라졌어요. 땅의 대부분이 푹신한 화산 물질로 이루어져 있던 섬은 같은 해 12월이 되자 완전히 침식되고 말았어요.

인간이 해저의 모습을 들여다보게 된 것은 아주 최근에 와서야 가능해진 일이지요. 예를 들어 바다가 얼마나 깊은지는 어떻게 알 수 있었을까요? 과학자와 선원들이 심해의 깊이를 정확하게 측정하기 시작한 건 19세기부터였어요. 바다의 깊이를 성공적으로 측정한 최초의 인물은 제임스 클라크 로스 경('로스 해'는 그의 이름을 따서 지은 이름이에요)이었어요. 1840년에 그는 추가 달린 밧줄을 사용하여 바다의 수심을 측정했답니다. 그는 수심을 측정하는 동안 배가 표류하면서 생기는 측정 오류 문제를 해결하기 위해 자신이 탄 배를 다른 배 두 척에 연결하여 고정시켰답니다. 이런 방법으로 그는 추가 달린 밧줄을 수직으로 내릴 수 있었어요. 그가 이렇게 측정한 남대서양의 수심은 4,434m였답니다.

이처럼 19세기 중반부터 추가 달린 밧줄을 사용한 해저 탐사를 통해 사람들은 해저에도 산 능선, 계곡, 그리고 깊은 협곡이 있다는 사실을 알게 되었답니다. 그러나 당시의 장비로는 이렇게 깊은 바다까지 직접 내려갈 수 없었어요. 1960년에 심해 잠수정(DSV)이 발명된 후에야 사람들은 깊은 바닷속까지 내려가 볼 수 있게 되었답니다. 심해 잠수정을 사용한 해저 탐사를 통해 사람들은 해저의 움직임이 지구에 발생하는 지진, 화산, 쓰나미 등에 어떤 영향을 미치는지 좀 더 명확하게 알 수 있게 되었답니다.

# 지각 판

바다 연구를 통해 과학자들은 지각 판의 존재에 대한 증거를 발견할 수 있었어요. 지각 판이란 거대한 조각으로 나뉘어 그 아래에 있는 녹은 암석 위를 떠다니는 지구의 딱딱한 층을 말합니다. 지각 판이 서로 부딪히거나, 한쪽이 다른 한쪽을 타고 올라갈 가능성이 높은 판의 경계부에서는 화산 폭발이나 지진이 자주 발생해요. 특히 태평양에는 판의 경계부가 굉장히 많아서 그 지점을 '환태평양 지진대'라고 부르기도 한답니다.

지구는 몇 개의 층으로 이루어져 있어요. '지각'은 지구 부피의 1%만을 차지하며 여러 종류의 암석으로 이루어져 있어요. 두께가 5km에서 70km까지 다양한 지각은 그 밑에 있는 '맨틀' 위를 떠다니고 있어요. 맨틀은 고체인 암석과 액체인 마그마가 섞여 있는 반고체 물질이랍니다. 맨틀 덕분에 지각 판이 서로의 움직임에 따라 움직일 수 있어요. 맨틀 밑 지구의 중심에는 단단한 금속으로 이루어진 '핵'이 자리 잡고 있답니다.

# 해저에서

1950년대에 해양학자 부르스 히젠은 수중 음파 탐지 기술을 이용하여 바닷속 분지의 깊이에 대한 데이터를 수집했어요. 해양 지도를 제작한 마리 타프도 해저 모습을 그린 입체 지도를 제작하기 위하여 이 데이터를 사용했답니다. 타프의 지도에는 해저 지형의 가장 흔한 세 가지 유형이 묘사되어 있어요.

### 1. 해구
해구는 해저 지각 판의 경계부에 형성된답니다. 밀도가 높은 판이 더 가벼운 판 밑으로 파고들어 가면서 지구의 맨틀 아래까지 내려가 깊은 V자 모양의 해구를 만들어요. '마리아나 해구'(59쪽 참조)가 그 대표적인 예랍니다. 그곳에서 녹은 암석이 솟아올라 산등성이나 열도를 형성할 수도 있답니다. 일본, 히말라야 산맥도 이렇게 형성됐어요.

### 2. 해령
해령은 바닷속의 거대한 산맥이에요. 해저의 지각 판이 서로 멀어지면, 그 틈으로 녹은 마그마가 솟아오르면서 해령이 형성돼요. '대서양 중앙 해령(23쪽 참조)'도 이런 원리로 생겨났지요. 육지의 지각 판이 서로 멀어지면 열곡이 형성돼요. 아이슬란드에 가면 북미판과 유라시아판이 천천히 갈라지고 있는 협곡을 걸어 볼 수 있답니다.

### 3. 변환 단층
지각 판들이 서로 만나 포개지면 마찰이 발생해 서로 붙어 버리고, 그렇게 조성된 긴장감이 쌓이고 쌓이다가 결국 무언가 움직이게 될 때 발생하는 것이 지진이랍니다. 이런 변환 단층은 알래스카 근처의 '퀸 샬럿 페어웨더 단층'처럼 주로 해저에서 일어나지만, 때로는 육지에서 발생하기도 한답니다. 캘리포니아의 '산 안드레아스 단층'이 유명한 사례지요.

1962년에 지질학자 해리 헤스는 이러한 해저 지형이 만들어지는 이유가 해저의 갈라짐과 순환 현상 때문이라고 말했어요. 두 지각 판이 서로 멀어지면서 만들어진 해저 산맥 사이의 틈을 마그마가 채우게 되는데, 그것이 산맥을 따라 흘러내리다가 굳어 암석이 됩니다. 이런 현상이 반복되면 오래된 암석은 산맥으로부터 점점 더 밀려나 해구 속으로 내려가고, 그곳에서 녹아 다시 마그마가 되는 순환 과정을 겪는 것이지요.

1965년에 지구물리학자 에드먼드 블라드 경은 아프리카 대륙 서쪽의 해저 모양과 남아메리카 대륙 동쪽의 해저 모양이 수심 1,000m 깊이에서 서로 퍼즐처럼 딱 맞아떨어진다는 사실을 발견했습니다. 그 덕분에 많은 과학자들은 아프리카 대륙과 남아메리카 대륙이 한때 하나의 초대륙 형태였다고 생각하고 있어요. '곤드와나'라고 불리는 이 초대륙은 수백만 년에 걸친 해저 순환과 지각 판 이동으로 분리된 것으로 보인답니다.

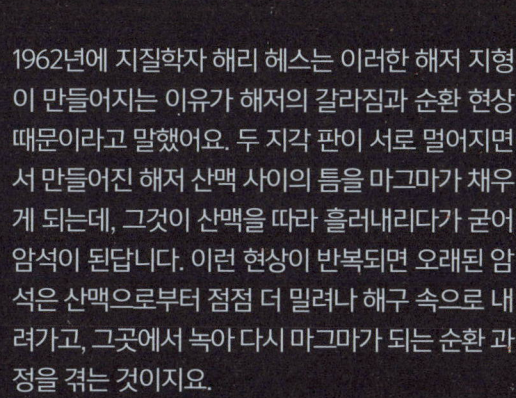
로라시아
곤드와나

20세기 중반의 과학자들은 이러한 발견을 통해 지각 판 연구의 기초를 다졌답니다. 우리의 해저 세계 탐사 능력이 발전할수록 이 분야에 대한 지식도 더 깊어지고 있지요.

# 해저 화산

인류 역사상 가장 큰 화산 폭발은 3,600년 전 그리스의 '산토리니 섬' 근처에서 일어났어요. 해저 화산 '테라'가 40개의 핵폭탄에 맞먹는 위력으로 폭발했기 때문이랍니다. 이 폭발로 인하여 아틀란티스가 물 밑으로 가라앉게 되었다는 이야기도 있답니다. 최근까지도 우리는 해저 화산에 대해 아는 바가 많지 않았어요. 이 분야를 연구하는 현대의 과학자들 덕분에 우리는 지구에 대한 물리적 정보뿐 아니라 지구의 생명체가 살아가는 방식에 대해서도 많은 것을 알게 되었답니다.

## 화산 분출

'테라'나 '페르디난디아(53쪽 참조)' 같은 해저 화산은 인류 역사에 오랫동안 영향을 미쳐 왔어요. 과학자들은 지구상에 약 백만 개 정도의 해저 화산이 있고, 이들이 지구 전체 화산 활동의 80%를 차지한다고 믿고 있답니다.

일반적으로 해저 화산은 해령에서 서로 멀어진 지각 판 틈으로 마그마가 솟아오를 때 형성된답니다. 심해에 위치한 해저 화산의 분출구를 살펴보고 샘플을 채집하려면 현대식 잠수정이 필수랍니다.

해저 화산은 때때로 분출하면서 '쉬르트세이(아래 참조)'같은 새로운 섬을 만들어 내기도 해요.

심해의 압력이 워낙 높다 보니 해저 화산은 폭발하더라도 육지의 화산처럼 마그마를 분출하지는 않아요. 그 대신 해저 화산의 분출구에서 거품이 일어난답니다. 때로는 분출된 용암이 기포를 품은 채 응고되어 마치 뗏목처럼 물 위를 떠다니는 가벼운 암석이 되기도 해요. 이런 암석은 '부석'이라고 한답니다.

## 쉬르트세이 섬

쉬르트세이는 1964년에서 1967년 사이에 아이슬란드의 남쪽 해안 인근 수심이 얕은 바다에서의 잦은 화산 폭발로 생겨난 섬이랍니다. 이 섬의 이름은 북유럽 신화에 등장하는 불의 신 '수르트'에서 따왔어요. 이 섬은 생물이 어떻게 섬을 차지하고 그곳에서 진화해 나가는지 연구하기에 안성맞춤이기 때문에 과학자들이 가장 많이 관찰하는 곳 중 하나랍니다.

## 해저 지진과 쓰나미

해저에서 발생하는 지진은 아주 거대하고 파괴적인 파도를 동반한 쓰나미만 유발하지 않으면 육지의 지진만큼 큰 피해를 가져다주지는 않아요. 2004년의 크리스마스 다음 날, 역사상 세 번째로 큰 리히터 규모 9.1의 지진이 수마트라 해안에서 발생했고, 거대한 쓰나미가 인근 국가들을 덮치고 말았어요. 이 쓰나미로 인해 14개의 국가가 큰 피해를 보았고, 벵골만과 인도양에서는 23만 명의 사망자가 발생했답니다. 이 지진은 어찌나 강력했던지 자북극(지구 자기의 축이 지구 표면과 만나는 북쪽 점. 매년 약간씩 이동함)을 25mm 이동시켰고, 지구의 자전 속도도 약간 빨라져서 하루의 길이가 2.68마이크로초(백만분의 1초) 짧아졌답니다.

## 열수 분출공

갈라파고스 제도의 해저 산맥을 조사하던 과학자들은 1977년에 연기 같은 액체를 분출하는 이상한 '검은 굴뚝'을 발견했어요. 이후 연구를 통해 우리는 그것이 바닷물이 해령 중반부의 마그마를 만나 해저에 형성되는 '열수 분출공'이라는 사실을 알게 되었지요.

첫 번째 열수 분출공은 수심 2,250m에서 발견되었어요. 분출공 주변의 수온은 섭씨 350도 이상까지도 올라가지만, 심해의 높은 수압 때문에 결코 끓어오르지는 못한답니다. 어떤 분출공은 무척 거대해서 높이가 55m나 된다고 해요.

분출공에서 뿜어져 나오는 액체에는 미네랄이 잔뜩 녹아 있기 때문에 마치 연기처럼 보인답니다. 분출되는 액체에 검은 황화철이 녹아 있으면 검은 연기가 솟아오르고, 바륨, 칼슘, 실리콘 등이 혼합된 백색 침전물이 녹아 있으면 하얀 연기가 솟아올라요.

이러한 분출공 주변에는 독특한 유기체들이 잔뜩 살고 있답니다. 분출공이 발견되기 전까지만 해도 사람들은 모든 생물의 에너지원은 햇빛이라고 생각했었어요. 그러나 분출공 주변의 유기체들은 햇빛이 전혀 없는 암흑 속에서도 살아갈 수 있었답니다. 박테리아가 바닷물 속의 산소와 분출구에서 뿜어져 나온 화학 물질을 사용하여 에너지를 만들기 때문이에요. 이런 유기체에는 조개, 갯지렁이, 길이가 2m가 넘는 관갯지렁이, 그리고 '호프 게' 등이 포함돼요. 이 게는 가슴에 털이 많기로 유명한 배우 데이비드 하셀호프와 닮아서 이런 이름을 갖게 되었답니다.

바다에서 제일 깊은 곳은 필리핀과 태평양의 마리아나 제도 사이에 있는 '마리아나 해구'예요.
길이 2,550km, 너비 69km인 이 해구는 두 지각 판이 서로 충돌하여 하나의 판이
다른 판 밑으로 밀려 내려가면서 생겨났답니다.

1875년에 영국의 'HMS 챌린저호'가 처음 측정한 마리아나 해구의 깊이는 8,183m였어요.
(60~61쪽 참조) 그런데 1951년에 HMS 챌린저 2호가 음향 측심기(수중으로 음파를 보내고
해저에서 반사되어 돌아오는 음파를 수신하여 수심을 측정하는 장비)를 사용하여 측정한 결과
마리아나 해구의 가장 깊은 곳의 수심은 10,900m나 되었답니다. 이후 그곳은 '챌린저 딥'
이라는 이름으로 불리게 되었어요. 에베레스트 산을 빠뜨린다 해도 산꼭대기가 해수면 2,000m
아래에 있게 될 정도로 깊은 곳이랍니다.

전 세계가 우주 탐사에 열광하던 1960년에 미 해군은 마리아나 해구 탐사에 열중하고 있었어요.
그러나 해저 탐사는 우주 탐사만큼이나 기술적으로 어려운 일이었답니다. 우선 그런 깊은
곳까지 내려가는 탐사선은 엄청난 압력을 이겨 내야 하고, 승무원들은 좁고 추운 캐빈 안에
꼼짝없이 갇혀 체온을 올리기 위한 아무런 활동도 하지 못한 채 오랜 시간을 견뎌야 했어요.
8~9시간씩 물 밑에서 버틸 수 있도록 충분한 산소도 준비해야 했고, 해저 탐사용으로 개발한
통신 시스템이 깊은 심해에서도 제대로 작동할지는 불투명했답니다.

우주든 해저든 그 깊은 심연의 세계를 탐사하며 우리는 같은 궁금증을 갖게 되었어요.
'이렇게 극한 환경을 탐사하는 것이 가능할까?', '이렇게 엄청난 압력을 인간과 기계가 견딜 수
있을까?', '그곳에서도 생명의 흔적을 찾을 수 있을까?'

스위스의 해양학자 자크 피카르는 자신의 아버지 오귀스트 피카르와 함께 '트리에스테'라는
이름의 바티스카프(일반 잠수함보다 더 깊은 곳까지 내려갈 수 있도록 자체 추진력을 장착한
심해 탐사용 잠수함)를 설계했어요. 열기구 설계자이기도 했던 그의 아버지 오귀스트는 부력에
대해 자신이 알고 있는 모든 지식을 동원하여 1953년부터 트리에스테 개발에 활용했답니다.
그들이 설계한 트리에스테는 이후 미 해군이 소유하게 되었고, 1960년에는 트리에스테의
개량된 모델이 마리아나 해구로 옮겨졌어요. 그렇게 37세의 자크 피카르와 28세의 미 해군
중위 돈 월시는 인간이 한 번도 가 보지 못한 곳을 향해 첫 발걸음을 뗄 준비를 하였답니다.

# 챌린저 딥

1960년 1월 23일, 미 해군의 예인선인 'USS 완다크호'는 괌으로부터 약 320km 떨어진 지점까지 트리에스테 잠수정을 끌고 오는 작업을 무사히 마쳤어요. 그 밑에는 지구상에서 가장 깊은 곳인 마리아나 해구가 있었답니다. 자크 피카르와 돈 월시는 바다 밑바닥까지 무사히 내려간 첫 번째 사람이 될 수 있을까요?

# 심연에 사는 생물들

피카르와 월시는 마리아나 해구 바닥에서 해파리, 크릴, 새우, 그리고 한 마리의 물고기를 봤어요. 그 덕분에 우리는 깊은 심해에도 생명체가 산다는 사실을 알게 되었답니다. 이제 우리는 놀라우리만큼 다양한 종류의 동물들이 바다의 심연 속에 살고 있다는 것을 알고 있어요. 이들은 모두 극한 환경에서도 살아남을 수 있도록 특별한 적응 과정을 거친 동물들이랍니다.

문어

납작앨퉁이

## 생체 발광

무광층에도 빛이 전혀 없는 것은 아니랍니다. 아귀, 랜턴피쉬, 해파리, 섬광오징어 같은 몇몇 동물들은 스스로 빛을 내기도 하니까요. 이런 현상을 '생체 발광'이라고 한답니다. 세포의 화학 반응으로 만들어진 이 푸른색, 또는 녹색을 띤 빛은 먹이를 유인하거나, 의사소통을 하거나, 짝을 찾을 때 사용해요.

대왕오징어

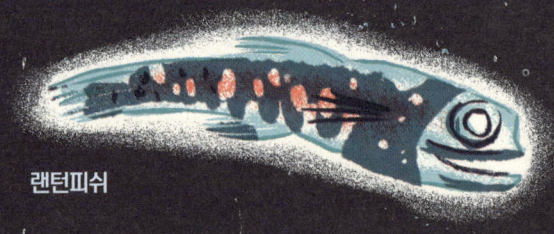
랜턴피쉬

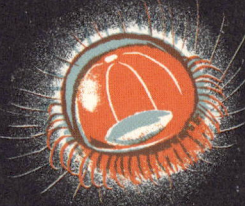
벤쏘코돈 해파리

심해 아귀

## 심해의 먹이 사슬은 어떻게 작동할까?

깊은 심해에는 빛이 도달하지 않기 때문에 심해의 먹이 사슬은 식물과 광합성에서 시작되지 않아요. 심해의 먹이 사슬의 맨 아래를 차지하는 '단각류'라 불리는 작은 갑각류는 '바다눈(해수면에 사는 생물들로부터 떨어진 작은 생물학적 조각들)'을 먹거나 서로를 잡아먹으며 산답니다. 고래처럼 큰 몸집의 물고기 사체가 그들이 사는 깊은 바다까지 떠내려 오는 날이면 심해 바닥에서는 때아닌 포식 잔치가 벌어지지요.

수심 4,000~6,000m 사이의 바다에는 박테리아가 많지 않지만, 수심 6,000m 아래에서는 박테리아가 풍부하다고 해요. 박테리아는 죽은 해조류 등의 유기물을 먹고 산답니다.

해삼

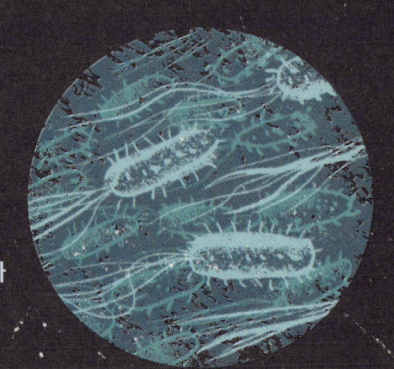
박테리아

# 계속되는 탐사

피카르와 월시는 심해 잠수 기록을 세운 이후에도 해양 탐사 활동을 계속해 나갔어요. 피카르는 잠수함 설계를 시작했고, 월시는 환경 운동가 제임스 캐머런에게 자문을 해 주기도 했습니다. 2019년에 빅터 베스코보가 챌린저 딥 잠수를 성공적으로 마치고 귀환하자 그들 현장에서 맞아 주기도 했답니다. 트리에스테아 성공 이후, 많은 사람이 잠수정을 타고 깊은 바닷속을 탐사했어요. 그러나 아직까지도 심연의 맨바닥까지 내려가 봤다고 말할 수 있는 사람은 그리 많지 않답니다.

## 앨빈

진수 연도: 1964년
승무원 수: 3명
최대 잠수 깊이: 4,500m

1986년에 로버트 발라드는 '앨빈'이라 불리는 이 잠수정을 타고 타이태닉 난파 잔해가 있는 곳까지 내려갔어요. 앨빈의 첫 여성 조종사는 신디 리 반 도버입니다. 그녀는 갈라파고스 협곡을 따라 형성된 세계에서 가장 큰 심해 열수 분출구 지대를 발견한 사람이기도 해요.

## 해저 탐험가

지금 피카르와 월시(60~61쪽 참조) 외에 마리아나 해구의 맨바닥까지 내려가 본 사람은 그리 많지 않답니다.

캐나다의 영화감독 제임스 캐머런은 2012년에 '딥시 챌린저'를 타고 홀로 챌린저 딥의 바닥까지 내려간 최초의 인물이 되었어요. 그는 단지 2시간 36분 만에 수심 10,908m까지 내려갔답니다.

빅터 베스코보는 2019년에 'DSV 리미팅 팩터'를 타고 최고 잠수 기록을 세웠어요. 그는 3시간 반 만에 챌린저 딥이 10,928m 지점까지 내려갔답니다.

캐시 설리번은 2020년에 챌린저 딥에 도달한 최초의 여성이 되었어요. 리미팅 팩터를 타고 이 기록을 세울 수 있었답니다. 그녀는 1984년에 최초로 우주 유영에 성공한 미국인 여성이기도 했습니다.

2020년 6월22일, 빅터 베스코보와 미국의 해저 탐험가 바네사 오브라이언은 챌린저 딥의 '이스턴 풀'까지 내려갔어요. 그들은 해저가 많은 사람이 생각했던 것이 아니라 경사졌다는 사실을 처음으로 밝혀 냈답니다.

0 미터
1,000 미터
2,000 미터
3,000 미터
4,000 미터
5,000 미터

## 신카이 6500

- 진수 연도: 1989년
- 국적: 일본
- 승무원 수: 3명
- 최대 잠수 깊이: 6,500m

신카이는 지각 판의 움직임과 심해 생태계 연구에 사용하는 잠수정이에요.

## 아르키메데스

- 진수 연도: 1961년
- 국적: 프랑스
- 승무원 수: 3명
- 최대 잠수 깊이: 9,300m

1962년에는 일본 해구의 수심 9,300m 지점까지 내려갔고, 1974년에는 답시 챌린저와 함께 대서양 중앙 해령을 탐사했어요.

## DSV 리미팅 팩터

- 진수 연도: 2015년
- 국적: 미국
- 승무원 수: 2명
- 최대 잠수 깊이: 10,908m

리미팅 팩터는 모든 해양의 가장 깊은 지점까지 도달해 본 유일한 유인 잠수정이랍니다.

## 미르-I과 미르-II

- 진수 연도: 1987년
- 국적: 러시아/핀란드
- 승무원 수: 3명
- 최대 잠수 깊이: 6,000m

이 잠수정은 연구 목적으로 만들어졌지만 때로는 잠수함 구조 활동에 참여하기도 해요. 이들은 제임스 캐머런의 '타이타닉호'와 '비스마르크호'의 잔해를 촬영할 때 사용되기도 했답니다.

## 자오룽

- 진수 연도: 2010년
- 국적: 중국
- 승무원 수: 3명
- 최대 잠수 깊이: 7,500m

이 잠수정은 10,000톤의 수압도 견딜 수 있게끔 튼튼해요. 또한 여러 개의 프로펠러가 장착되어 있어서 가장 조종하기 쉬운 잠수 지원선(Diving Support Vessel; DSV) 중 하나랍니다.

## 딥씨 챌린저

- 진수 연도: 2012년
- 국적: 호주
- 승무원 수: 1명
- 최대 잠수 깊이: 10,908m

딥씨 챌린저는 마리아나 해구 바닥에 도달한 두 번째 유인 잠수정이에요.

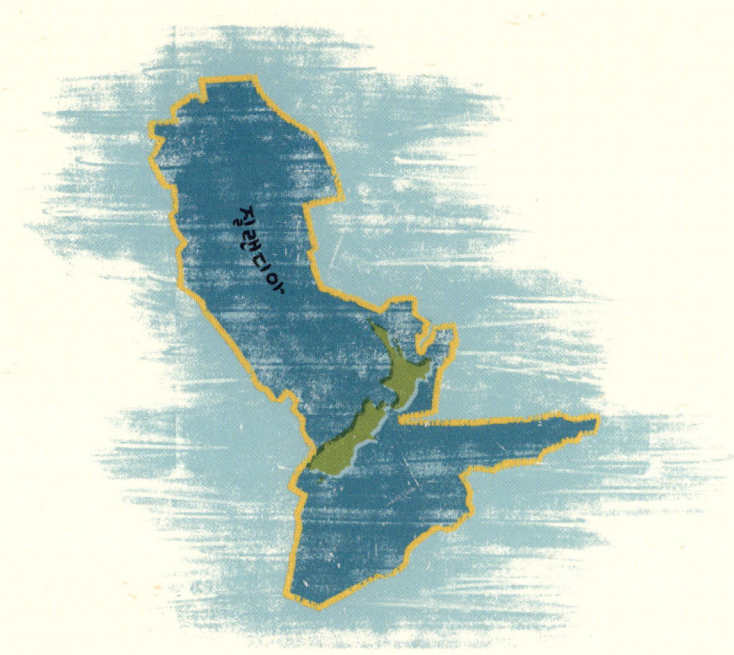

인간이 전 세계의 바다를 탐험할 수 있게 되면서 우리는 지질학, 생물학, 의학 등의 많은 분야에서 매일 새로운 발견을 하고 있어요. 이런 발견이 가능한 이유는 우리가 잠수정, 컴퓨터 모델, 위성, 심지어는 고래를 활용한 다양한 경로로 바다에 관한 정보를 얻고 있기 때문이랍니다.

지금까지 가장 '큰' 발견은 크기로 보나, 의미로 보나 여덟 번째 대륙 '질랜디아'의 발견이었어요. 질랜디아의 대부분은 뉴질랜드 주변 바닷속에 잠겨 있지만, 뉴질랜드와 뉴칼레도니아, 그리고 몇 개의 작은 섬은 수면 밖으로 나와 있답니다. 과학자들이 질랜디아의 암석 성분을 연구한 결과, 질랜디아는 인도보다 조금 더 큰 독립적인 대륙이 맞다는 사실을 확인할 수 있었어요.

질랜디아보다 조금 더 작은 크기의 육지인 '도거랜드'는 약 12,500년 전 마지막 빙하기가 끝날 무렵 영국 본토를 유럽 대륙과 연결시켜 주던 땅이었어요. 그러나 약 7,000년 전, 기후 변화로 인해 빙하와 빙산이 녹아 해수면이 높아지면서 도거랜드는 다시 물속에 잠기게 되었어요.

반대로 크기가 아주 '작은' 발견도 있었답니다. 그중에는 마리아나 해구에서 발견된 세계에서 가장 큰 단세포 생물도 있었어요. 이 거대한 아메바는 지름이 최대 10cm나 되는 단세포로 만들어져 있답니다. 한편, 이런 해양 미생물은 신약 개발과 항생제 개발의 원천으로 활발하게 연구되고 있어요. 지구에 남아 있는 최후의 미지의 세계인 바다에 대한 탐구는 여전히 초기 단계랍니다. 생물학자들은 지금까지 발견된 바다 생물종은 전체의 3분의 1에 불과하다고 추정하고 있어요.

우리는 바다 밑 풍부한 자원에 대해 이제 막 눈뜨기 시작했어요. 이제 우리는 그 자원을 어떻게 책임감 있게 사용할 것인지 고민해야 한답니다.

# 원격 탐사

이제 우리는 과거처럼 인간의 용기와 지구력에만 의존해서 해양 탐사에 나서지는 않아요.
눈부신 기술 발전 덕분에 이젠 배나 무인 잠수정을 사용할 수 있을 뿐 아니라,
심지어는 우주에서 원격으로 바다를 탐사할 수 있게 되었답니다.

## 우주로부터의 바다 탐사

이제는 멀리 떨어진 곳에서도 바다에 대해 많은 것을 알아낼 수 있답니다. 위성을 통하여 바다의 온도, 바람의 변화, 파도, 그리고 해수면 높이 등을 측정할 수 있을 뿐 아니라, 산호초의 위치 등도 파악할 수 있답니다. 또한 우주에서 바라본 바다의 색을 분석하여 독성 해조류 출현도 파악할 수 있어요.

위성 고도계는 레이더 신호가 해저까지 이르는 데 얼마만큼의 시간이 걸리는지 측정해 주어요. 이를 통해 우리는 해저의 모양과 구조, 해수의 온도와 염도, 그리고 해류에 대해 많은 정보를 얻을 수 있답니다.

## 원격 조정 무인 잠수정

'원격 조정 무인 잠수정(ROV)'은 사람이 직접 물속에 들어가지 않고도 안전하게 해저를 연구할 수 있게 해 줘요. 본래 군대와 정유사가 사용할 목적으로 개발된 ROV는 인간이 들어가기에는 너무 깊은 심해를 조사하는 데 사용될 수 있답니다. ROV는 해수면에 떠 있는 배 위에서 마치 컴퓨터 게임을 하듯 원격으로 조정할 수 있는 게 특징이에요. 모든 ROV에는 카메라, 조명 장치, 그리고 해저 샘플 채취 장비가 장착되어 있답니다.

## 음향 측심

음향 측심은 해저 지도를 만드는 데 사용되는 기술이랍니다. 배에서 물속을 향해 소리를 쏜 후, 그 소리가 해저에 닿아 반사되어 다시 배로 돌아오기까지의 시간을 재면 바닷속 깊이를 측정할 수 있어요.

일본의 ROV '카이코'는 1995년에 트리에스테 이후 두 번째로 챌린저 딥의 바닥에 도달한 잠수정이 되었어요. 그러나 카이코는 2003년에 태풍 때문에 배에 연결된 케이블이 끊어지는 바람에 바다에서 실종되고 말았답니다.

## 디지털 바다

컴퓨터는 해양 지도를 만드는 데 필요한 데이터를 결합시키는 데 점점 더 많이 사용되고 있어요. 과학자들은 GIS(지리 정보 시스템)기술을 사용해서 가상 바다를 만들어 냈답니다. 이를 통해 사람들은 사무실 책상에 앉아서 바다의 화학, 지질, 생물 작용을 연구할 수 있게 되었어요.

## 항공기를 사용한 정보 수집

'항공 사진 측량 기법'은 여러 개의 항공 사진을 조합하여 바다의 모습을 3차원 모델로 만들어 낸답니다. 라이다(LIDAR)는 항공기에서 초록빛과 빨간빛을 물에 반사시키는 기술이에요. 초록빛은 물을 통과해서 해저까지 갔다가 반사되고, 빨간빛은 해수면에서 반사되어 돌아오지요. 이 두 신호가 돌아오는 시차를 계산하면 해저의 모습을 가늠할 수 있어요. 그러나 이 방식은 빛이 닿을 만큼 수심이 얕은 바다에서만 사용할 수 있답니다.

## 융기 해안

융기 해안은 한때 바다 밑에 있었지만 지각 판의 움직임으로 인해 물 밖으로 들어 올려진 땅을 의미해요. 이곳에서는 조개와 해양 생물의 화석이 많이 발견되는데, 과학자들은 그것을 통해 수백만 년 전에 바다에 어떤 생물이 살았는지 연구할 수 있답니다. 영국의 도버 해협에 있는 '화이트 클리프'의 성분은 탄산칼슘인데, 그것은 원래 약 7천만 년에 살았던 작은 해양 조류 코콜리스의 껍데기였답니다.

## 고래 카메라

고래에 아주 작은 카메라와 전자 태그를 부착하면 고래의 생활 방식을 들여다볼 수 있답니다. 카메라는 흡입 컵을 이용하여 고래에 부착시키기 때문에 24~48시간 정도가 지나면 떨어져 나와 물 위로 떠오른답니다. 그리고 흡입 컵이 내보내는 신호를 통해 회수되지요. 이런 방식을 통해 우리는 고래가 어떻게 먹이를 먹고 휴식을 취하는지에 관한 정보를 얻을 수 있어요.

# 바다에서의 발견

바다에 대해 더 많이 알게 될수록 우리는 기후 변화나 진화 같은 지구의 과거와 현재의 모습에 대해 바다가 많은 것을 알려 준다는 사실을 깨닫게 되었어요.

## 기후 변화

지구의 온도와 기후 변화의 영향을 가장 정확하게 확인할 수 있는 방법은 바다의 수온 변화를 측정하는 거예요. 바다의 수온은 육지의 온도처럼 날씨 변동에 따른 영향을 많이 받지 않기 때문이랍니다. 현재 과학자들은 바다의 수면 온도와 수심 2,000m에서의 온도를 모니터링하고 있는데, 최근 몇 년간 기록상 가장 높은 온도가 계속되고 있다고 해요.

그 외에도 해양 퇴적물 연구를 통해 과거의 기후 변화에 관한 정보를 얻을 수 있어요. 그리고 조개 화석은 수백만 년 전의 바닷물 성분에 관한 정보를 제공해 준답니다.

## 신약 개발

바다에는 중요한 의학 성분을 생성하는 박테리아 수천 종이 살고 있다고 해요. 기존의 항생제에 내성을 보이는 박테리아에 대항하기 위해 과학자들은 수십 년 동안 새로운 항생제 개발에 몰두해 왔습니다. '마리노마이신 A'는 해양 박테리아에서 분리해 낸 새로운 항생 물질이에요. 이 물질은 현재 인간에게도 사용 가능한지 실험 중이랍니다. 이 항생 물질은 암 종양 퇴치에도 효과가 있다고 알려져 있어요.

## 생태학

해면은 먹이를 먹으며 매일 많은 양의 바닷물을 흡수한 후, 자신의 세포를 사용하여 바닷물을 걸러 낸답니다. 이 물에는 다른 생물로부터 떨어져 나온 DNA가 포함되어 있기 때문에 같은 지역에 서식하는 다른 생물에 대한 여러 정보가 저장되어 있어요. 해면이 품은 물을 통해 현재까지 31개종의 DNA를 발견할 수 있었답니다. 과학자들은 이 DNA(환경 DNA)를 활용하여 직접 조사하기 어려운 생태계를 연구할 수 있는 방안을 찾고 있답니다.

# 진화

바다 연구를 통해 우리는 지구의 옛 모습을 추측해 볼 수 있어요. 이를 통해 진화론을 뒷받침하는 증거를 얻을 수도 있답니다. 진화론이란 생물종의 모습이 생존을 위해 시간의 흐름에 따라 조금씩 변해 간다는 이론이에요. 해저의 모래와 토사물 사이에 형성된 화석을 통해 우리는 수백 년 전에 멸종된 생물종의 모습을 눈으로 볼 수 있답니다. 화석이 만들어지는 과정은 다음과 같아요.

1.
유기체가 죽으면, 몸의 부드러운 부분이 먼저 썩는다.

2.
이 과정에서 죽은 동식물의 사체 위로 진흙이나 모래가 덮이고, 사체 모양을 따라 모래가 굳어 퇴적암으로 변한다.

3.
작은 미네랄 입자가 스며들어 점차 사체의 딱딱한 부분(뼈, 껍질, 씨앗 등)을 대체하게 된다. 이렇게 해서 화석이 만들어진다.

우리는 다른 시기에 살았던 서로 연관된 생물종의 화석을 비교하며 그들이 어떻게 진화해 왔는지를 살펴볼 수 있어요. 육지 생물보다 해양 생물이 화석으로 발견될 가능성이 훨씬 더 높답니다. 해저의 많은 부분이 모래와 퇴적물로 구성되어 있기 때문이에요. 그래서 진화 연구에 있어서 해양 생물은 매우 중요하답니다.

## 고래는 어떻게 진화했을까?

육지에 사는 고래의 친척 중 가장 오래된 동물로 알려진 것은 5천만 년 전에 살았던, 작은 사슴처럼 생긴 '인도휴스'와, 늑대와 비슷한 모습을 한 '파키케투스'였답니다. 악어와 모습이 비슷했던 '암불로케투스'는 아마도 약 4천8백만 년 전에 강이 바다로 흘러드는 어구나 해안 근처에 살았을 거예요. 현재의 고래와 모습이 가장 비슷한 '도루돈'은 약 4천만 년 전에 완전한 해양 동물로 변모했어요. 현존하는 육지 동물 중 고래와 가장 가까운 동물은 하마랍니다!

인도휴스 → 파키케투스 → 암불로케투스 → 도루돈 → 혹등고래

하마 ?

바닷가로 놀러가는 건 정말 신나는 일이에요. 해변에서 노를 젓고, 갯바위 물웅덩이 안의 생물들을 관찰하다 보면 시간 가는 줄 모르죠. 그렇지만 이 바다가 우리가 사는 행성 지구에게 얼마나 중요한 존재인지 우리는 충분히 실감하지 못하고 있는지도 몰라요.

과학자들의 말에 따르면 바다의 95%는 아직 탐사되지 않았고, 바다에 사는 생물종의 91%는 아직 발견되지 않았다고 해요. 바다는 또한 우리의 생존을 가능하게 해 주는 존재랍니다. 우리가 숨 쉴 때마다 들이쉬는 산소의 50%는 바다의 작은 플랑크톤이 만들어 낸 것이에요. 그러니까 바다의 플랑크톤 수가 적어지는 건 우리에게 정말 심각한 일이죠.

그런데 우리는 알게 모르게 바다에게 아주 나쁜 일을 많이 하고 있어요. 오랜 세월 동안 우리가 버린 쓰레기들이 바다 생태계에 유입되고 말았답니다. 바다에 흘러 들어간 쓰레기의 75%가 플라스틱이라고 해요. 이 플라스틱은 마리아나 해구 바닥에서도 발견될 정도랍니다. 이 중 미세한 플라스틱 입자는 해양 동물의 소화 기관에 들어가 그들을 병들게 해요. 인간이 미세 플라스틱에 오염된 물고기를 먹으면, 화학 물질이 우리의 먹이 사슬에도 침투하게 되지요.

그렇다고 해서 미래가 우울한 것만은 아니에요. 사람들은 점차 바다를 보호해야 할 필요성을 느끼고 있답니다. 유엔은 2010년에서 2020년까지 바다의 10%를 보호 구역으로 설정하자는 목표를 세우기도 했어요. 비록 이 목표는 달성되지 못했지만, 2019년에 많은 국가들이 2030년까지 바다의 30%를 보호 구역으로 설정하자는 더 높은 목표를 세웠답니다.

# 우리에게 아주 중요한 바다

우리는 바다로부터 많은 자원을 공급받고 있어요. 사실 바다가 우리를 생존할 수 있게 해 준다고 해도 과언이 아니랍니다. 산소·식량·기후, 이 모든 걸 바다에 의존하고 있으니까요.

## 기후 안정

바다는 지구의 기후가 안정적으로 유지되도록 도와요. 그건 바다가 온실가스에 갇힌 열의 대부분을 흡수해 주기 때문이랍니다. 죽은 플랑크톤으로 이루어진 해양 퇴적물은 전 세계가 내뿜는 이산화 탄소의 99%를 흡수할 뿐 아니라 상당히 많은 메탄도 흡수한다고 해요. 영국 제도 주변을 따듯한 담요처럼 감싸 주는 '걸프 스트림' 같은 심해 해류는 영국의 기후 유지에 정말 중요한 역할을 한답니다.

해수온의 상승은 인간 생존을 위협할 만큼 강력한 허리케인과 사이클론(강한 회오리바람을 일으키는 인도양의 열대성 폭풍)을 발생시킬 수도 있답니다.

## 숨쉬기

바다는 지구의 허파나 마찬가지예요. 식물성 플랑크톤같이 미세한 해양 식물이 우리가 마시는 산소의 50% 이상을 생성해 낸답니다. 그런데 기후 변화는 플랑크톤이 공급받던 영양분을 감소시킬 수 있어요. 그건 해수온이 상승하면 식물성 플랑크톤이 사는 곳까지 영양분을 실어다 주던 바닷물의 움직임이 느려지기 때문이랍니다.

## 생물 다양성

바다는 지구에서 가장 다양한 생물의 서식지가 있는 곳이에요. 서식지마다 그곳에 특화된 독특한 동식물이 살아가고 있답니다. 국제 해양 연구 기관인 '국제 해양 생물 센서스'는 지금까지 약 23만 종의 해양 생물을 기록했습니다. 전문가들은 바다에 사는 생물종이 백만 종에서 천만 종 정도 될 것으로 추정하고 있어요.

# 에너지

바닷속에는 석유와 가스 같은 값진 화석 연료가 많이 묻혀 있어요. 하지만 화석 연료는 이산화 탄소를 배출시켜 지구 온난화의 요인이 되기도 한답니다. 화석 연료는 바다를 오염시키기도 해요. 2010년에 있었던 '딥 워터 호라이즌 원유 유출 사건' 당시처럼 바다에 유출된 기름은 수만 마리의 바닷새와 해양 동물을 죽음으로 몰아넣을 수 있답니다.

바다는 청정 에너지원이기도 해요. 바닷바람을 이용해서 전력을 생산할 수 있답니다. 바닷가에는 이를 위한 해상 풍력 발전 터빈이 많이 설치되어 있어요.

# 어업

지난 수천 년 동안 바다는 인류에게 식량을 공급해 왔지만, 최근 몇 년간 인간은 바다에서 너무 많은 물고기를 잡았어요. 1970년대에는 북해에 사는 대구가 27만 톤이 넘었지만, 2006년에는 이 수가 4만4천 톤으로 대폭 줄어들었답니다. 이런 현상을 되돌리려면 먼저 어획량을 줄이고, 대구의 산란 지대를 보호하고, 새끼 대구가 빠져나갈 수 있는 넓은 구멍의 그물을 사용해야 해요.

'심해 저층 트롤망(해저 바닥에 끌고 다니면서 저층에 서식하는 물고기를 잡는 그물 어구)'을 사용하는 조업은 해양 생태계를 파괴해요. 스페인 해안 지역에서 실시한 연구에 따르면 트롤망을 사용한 지역의 생물 다양성은 그렇지 않은 지역보다 50%나 줄어들었다고 해요.

# 환경 오염의 위험

공기와 식량을 제공하고, 기후를 안정시키는 바다는 지구에서 너무나 중요한 역할을 맡고 있어요. 그래서 바다의 위협은 해양 생물에 대한 위협일 뿐 아니라 인류에 대한 위협이기도 한답니다.

바다로 흘러들어 온 플라스틱은 수백 년이 지나도 사라지지 않는답니다. 미세 플라스틱은 먹이 사슬에 침투해 동물뿐 아니라 사람에게도 영향을 미치지요. 플라스틱으로 인해 매년 수백만 마리의 바닷새와 십만 마리 이상의 해양 포유류가 죽음을 맞는다고 해요.

화학 물질로 인한 오염 때문에 바다 중 24만5천 ㎢가 생물이 거의 살 수 없는 지역이 되어 버렸답니다. 이는 영국과 거의 맞먹는 크기예요. 또한 이산화 탄소 농도의 증가로 바다가 산성화되어 산호초도 하얗게 변하고 있어요. 이렇게 백화된 산호초에는 어떤 생물도 살 수 없어요.

인공 빛과 소음 공해도 바다에겐 큰 위험이 돼요. 이제 막 부화한 새끼 거북이가 바다 대신 거리의 빛을 향해 기어가다가 길을 잃기도 하고, 배가 조업하거나 시추 작업을 할 때 내는 소리는 고래와 돌고래의 의사소통과 항해를 방해하기도 한답니다.

# 바다의 미래

다행히도 우리는 이제 바다가 얼마나 소중하고 파괴되기 쉬운지 조금씩 깨달아 나가고 있어요.
모두가 힘을 합쳐 바다를 안전하고 생명력 넘치는 곳으로 만들기 위한 노력을 계속해 나간다면,
바다의 미래는 밝을 것이고, 우리의 미래도 밝을 거예요.

## 지속 가능한 어업

지속 가능한 어업은 장기적으로 물고기의 개체수를 보호할 뿐 아니라 어업 종사자들의 생계를 보호하기도 해요. 장바구니 속 해산물과 생선이 지속 가능한 어업으로 잡은 것인지 확인하는 것만으로도 우리는 이런 노력에 동참할 수 있답니다.

## 지역 활동

탄자니아에서는 지역 주민을 상대로 거북이의 서식지를 보호하고, 낚시 도구에 거북이가 뒤엉키면 풀어주도록 하는 교육 프로그램이 진행되었어요. 그 외에도 한 번에 잡을 수 있는 물고기 수를 제한하는 교육을 통해 늘 일정한 물고기 개체 수가 유지될 수 있도록 했답니다.

## 보호

'해양 보호 구역(MPA)'이란 바다를 파괴할 가능성이 있는 모든 활동을 금지한 구역이에요. 현재 영국 주변 해역의 24%가 해양 보호 구역으로 지정되어 있답니다. 유엔은 2030년까지 전 세계 바다의 30%를 해양 보호 구역으로 설정하기 위한 노력을 이어 가고 있어요.

## 생태 관광

쉽게 손상되는 산호초는 인기 관광 명물이기도 합니다. 어떤 지역에서는 산호초 관광이 주요 수입원이기도 해요. 그래서 산호초가 많은 나라들은 지속 가능한 관광 프로그램을 통해 산호초의 손상을 최소화하기 위한 노력을 기울이고 있답니다. 이런 관광을 '생태 관광'이라고 불러요.

## 깨끗하게 하기

프랑스 영토 세 배 정도의 크기인 '태평양의 거대 쓰레기 지대'는 플라스틱과 다양한 폐기물이 쌓이고 쌓여 마치 수프처럼 응집된 지역이에요. 네덜란드 발명가 보얀 슬랫이 19세 때 설립한 '오션클린업' 환경 정화 프로젝트 소속 과학자들은 물에 뜨는 울타리를 만들어 부유하는 쓰레기를 한꺼번에 수거하는 시스템을 개발하고 있답니다. 그러나 가장 간단한 해결책은 우리 모두가 플라스틱을 덜 사용하는 것이랍니다.

## 서식지 복원

해안의 해초 지대는 여러 해양 생물종에게 식량과 안식처를 제공하는 중요한 역할을 하기 때문에 세계 각지에서 복원을 추진하고 있어요. 해초의 씨를 수집하여 실험실에서 재배한 후, 자연 해초가 사라진 지역에 이를 옮겨 심는 방식으로 복원이 진행된답니다.

## 종의 복원

수천 년간 인류는 고기와 지방, 그리고 기름을 얻기 위한 목적으로 고래 사냥에 나섰어요. 고래는 19세기에 너무 많이 사냥당하면서 그 개체수가 줄어들기 시작했답니다. 일부 고래종이 사라질 위기에 처하자 '국제포경위원회'가 1986년에 상업적 고래잡이를 금지했고, 지금은 대부분의 나라가 더 이상 고래잡이를 하지 않는답니다. 그 결과 일부 고래의 개체수는 놀라우리만큼 빠르게 회복되었어요. 1950년대에만 해도 남서 대양의 혹등고래 수는 440마리에 불과했지만, 오늘날에는 대략 25,000마리로 회복되었다고 해요.

## 우리의 역할

우리 모두가 소비하는 것, 먹는 것, 버리는 것에 책임감을 느껴야 하며, 바다와 그 안에 사는 아름다운 동물들을 해치지 않도록 최선을 다해야 해요. 이 책을 읽고 있는 여러분이 언젠가 해양 생물학자가 될 수도, 조수 댐 설계자가 될 수도, 해류 연구자가 될 수도 있을 거예요. 바다로부터 영감을 받아 그림을 그리거나, 글을 쓸 수도 있겠지요. 해양 박테리아 연구로 신약을 개발하거나, 마리아나 해구의 밑바닥을 직접 탐험하러 떠날 수도 있을 거예요. 그것이 무엇이든지 간에 바다는, 그리고 바닷속 생물들은 여러분의 상상을 뛰어넘을 만큼 멋진 존재랍니다. 해변에서 바다 밑바닥까지 말이죠.